Günlük Hayatımızda
DUALARIMIZ

•

AHMED ŞAHİN

Günlük Hayatımızda Dualarımız

Yazarı : Ahmed Şahin

Üretim Sor. : Bilal Temur

Syf.Düzeni : Ayhan Ogan

Baskı-Cilt: Kurtiş Matbaacılık 613 68 94 (pbx)

İstanbul / Mayıs 2005

ISBN 975-7486-75-2

CİHAN YAYINLARI

Alayköşkü Cad. No: 10 Cağaloğlu/İstanbul

Posta Kutusu: 882 Sirkeci / İstanbul

Tel: (0212) 511 61 62 (Pbx) Fax: (0212) 522 11 96

ınternet: www.turdav.com   e.mail: turdav@turdav.com.tr

Günlük Hayatımızda
DUALARIMIZ

AHMED ŞAHİN

Cihan
Yayınları

İÇİNDEKİLER

ÖNSÖZ

İçimizden duâ isteği gelince bilmeliyiz ki, Rabbîmiz elimizi boş çevirmeyecek, istediğimizin ya aynını, ya'hutta daha hayırlısını verecek, dünyada vermese de âhirette verecek... Yâni bizi mutlaka bir mükâfatla taltif edecek.

Şayet böyle bir mükâfatla taltif etmeyecek olsaydı, istemek hissini vermeyecek, boşa çevireceği elimizi zâtına doğru uzatma arzusunu bize ilham etmeyecekti.

Bu gerçeği bir mâneviyat büyüğü şöyle vecizeleştirmiştir:

— Vermek istemeseydi, istemek vermezdi!

İşte bu söz, hakikatın ta kendisidir. Gerçekten de Rabbimiz vermek istemeseydi, istemek hissi vermeyecek, Zât-ı Ulûhiyetine doğru elimizi uzatma arzusu uyandırmayacaktı.

Hakikat böyle olmasına rağmen, bizler çoğu kere aldanıyor, istediğimiz hemen yerine gelmezse duâmız kabûl olmadı vehmine kapılıyor, dileğimiz boşuna gitti zannediyoruz.

En büyük hatamızı da böyle bir zanla işlemiş oluyoruz.

Halbuki duâda boş dönmek asla yoktur. Duâ bir ibâdet olunca, elimize peşin olarak hiçbir şey geçmese dahi, ibâdetimizi edâ etmiş, duâ ibâdetimizi yerine getirmiş olmak gibi bir kulluk vazifemizi ifa etmiş oluyoruz. İşte bu bile başlı başına bir kazanç, bir mükellefiyet edâsıdır. Namaz borcu gibi duâ borcumuzu da böyle yerine getirmiş oluyoruz.

Kaldı ki, hangi nimetin hangi duâmız hürmetine geldiğini de pek bilemiyoruz. Belki sahip olduğumuz nimetlerin bir çoğu kabûl olmadı zannettiğimiz duâlarımız vesilesiyle gelmiş bulunmaktadır.

Resûl-i Ekrem Efendimiz merhamet ve kerem sahibi Rabbimize uzanan ellerin boş çevrilmeyeceğini şu hadîsleriyle ifade buyurmaktadır:

— Allah merhametlidir, kerem sahibidir. Kulunun eli O'na doğru uzanmış olsun da boş çevirsin, o eli hayırla doldurmasın, Rabbim bundan hayâ eder.

Yeter ki duâmız edeb ve usûlüne uygun olarak yapılmış olsun, bir ibâdet ve kulluk mükellefiyeti olduğu anlaşılarak devam etme mecburiyeti hissedilmiş bulunsun.

* * *

Elinizdeki şu mütevazi çalışmamızda (bir çok duâ kitaplarını inceledikten sonra) İmam-ı Nevevî'nin

(El-Ezkar)'ını kaynak kitap olarak tercih ettim. Sahih hadîs kitaplarından seçtiğim me'sur duâlarla da zenginleştirmeye gayret ettiğim duâ metinlerini kendi Kur'an harfleriyle yazmakla iktifa etmeyip latin harfleriyle de tekrar etmeyi faydalı buldum. Ta ki orijinal harflerini okuyamayanlar hissesiz kalmayıp diğer yazıyla da okuma imkânı bulsunlar.

İlmî ve amelî tâkatımız nisbetinde gayret bizden, gereken ilgi ve dikkat sizden, takdim edilen hakikatlarla amel etme dilediğimiz de yüce Rabbimizden...

AHMED ŞAHİN
Mayıs 1985
Bahçelievler-İST.

Cenâb-ı Hak, insana hadsiz bir acz ve nihayetsiz bir zaaf vermiş.. tâ ki daimî bir sûrette dergâh-ı İlâhî'ye iltica edip niyaz etsin, duâ etsin.

(Lem'alar'dan)

* * *

Duâ bir ibâdettir. Abd, kendi aczini ve fakrını duâ ile ilân eder. Zâhirî maksatlar ise; o duânın ve o ibâdet-i duâiyenin vakitleridir, hakikî fâideleri değil. İbâdetin fâidesi, âhirete bakar. Dünyevî maksatlar hâsıl olmazsa, "O duâ kabûl olmadı." denilmez. Belki, "Daha duânın vakti bitmedi." denilir.

(Mektûbat'tan)

* * *

Duâlar, tevhîd ve ibâdetin esrârına nümunedir. Tevhîd ve ibâdette lâzım olduğu gibi, duâ eden kimse de, "Kalbinde dolaşan arzu ve isteklerini Cenâb-ı Hak işitir" deyip Kadir olduğuna îtikad etmelidir. Bu îtikad, Allah'ın her şeyi bilir ve her şeye kadir olduğunu istilzam eder.

(Mesnevî-i Nuriye'den)

* * *

Evet, kudret, insanı çok dairelerle alâkadar bir vaziyette yaratmıştır. En küçük ve en hakir bir dairede, insanın eli yetişebilecek kadar insana bir ihtiyar, bir iktidar vermiştir. Ferşten arşa, ezelden ebede kadar en geniş dairelerde insanın vazifesi, yalnız duâdır.

(Mesnevî-i Nuriye'den)

■ TUVALETE GİRERKEN OKUNACAK DUÂ

Resûl-i Ekrem Efendimiz de tuvalete girerken duâ okumuş, habîs varlıkların şerrinden Allah'a sığınmıştır. Efendimiz'in tuvalete girerken okuduğu duâ şöyledir:

بِسْمِ اللهِ اَللّٰهُمَّ اِنّى اَعُوذُ بِكَ مِنَ الْخُبْثِ
وَالْخَبَائِثِ

"Bismillâh. Allahümme innî eûzü bike mine'l-hubsi ve'l-habâis."

"Bismillâh. Allah'ım, hususî ve umumî bütün kötülükleri bünyesinde toplayan habislerden sana sığınırım."

Demek ki insan, tuvalete, yahut benzeri kirli ve pis yerlere girerken; bu ve benzeri mânâya gelen bildiği duâları içinden okumalı, habîs ruhların şerrinden Allaha sığınmayı niyet ederek kendini koruma altına almalıdır. **Her yerde çektiğimiz Besmele, burada da gizlice içten çekilmelidir.** Zira Besmele'nin cinîlerin zararından koruyacağını Efendimiz başka hadîsleriyle de haber vermiştir.

■ TUVALETTEN ÇIKARKEN
OKUNACAK DUÂ

Efendimiz, tuvaletten çıkaren şu duâyı okuyarak çıkardı:

$$ اَلْحَمْدُ لِلّٰهِ الَّذِى اَذْهَبَ عَنِّى الْاَذٰى وَعَافَانِى $$

"Elhamdü lillâhillezî ezhebe anni'l-ezâ ve âfânî..."

"Bana rahatsızlık veren şeyleri giderip, sıhhat ve afiyet hibe eden Allah'a hamd olsun."

Demek ki, eziyet veren şeylerin gitmemesi de mümkün. Gitmemesi halinde hayatın nasıl zehir olacağı, huzurun yok olup, başka bir felâketin başlayacağı kesindir.

Bundan dolayıdır ki, Efendimiz tuvalet çıkışında bazan da **"Gufrâneke yâ Rab"** der, böyle rahatlama nimetleri karşısında İlâhî lûtfa teşekkür ederdi.

Bizler de bu gibi rahatlama sonlarında bu mânâlara gelen duâları okumalı, sahip olduğumuz rahatlamanın idraki içinde olmalıyız.

■İYİ VE KÖTÜ HALLERDE OKUNACAK DUÂLAR

İnsan bu dünyada gerek iyilik olsun, gerekse zorluk ve kötülük; ne fazla üzülmeli, ne de fazla sevinmeli, şımarmalıdır.

Bununla beraber, iyilikle karşılaşınca Efendimizin okuduğu duâyı okumalı, Rabbimizin ihsan ettiği bu nimeti şükürle, hamdle karşılamalıdır. Kötülükle karşılaşınca da, daha büyüğünün var olduğunu hatırlamalı, asıl musîbetin Cehennemlik amel olduğunu anlayarak öyle hallerden Allah'a sığınmalıdır.

Nitekim Efendimiz iyi ve güzel bir şeye kavuşur, yahut görürse, hemen şu duâyı okuyarak hamd ederdi:

$$\text{اَلْحَمْدُ لِلّٰهِ الَّذِى بِنِعْمَتِهِ تَتِمُّ الصَّالِحَاتُ.}$$

"Elhamdülillâhillezi, bi-nimetihi tetimmü's-sâlihât."

"Bütün iyilikleri verdiği nimetleriyle tamamlayan Allah'a hamd olsun. Her nimet O'ndan, her iyilik O'na râcidir."

Kötü ve hoşa gitmeyen hallere mâruz kalınca,

yahut görünce de şu duâyı okurdu:

$$ اَلْحَمْدُ لِلّٰهِ عَلٰى كُلِّ حَالٍ سِوَى الْكُفْرِ وَالضَّلَالِ $$

$$ وَاَعُوذُ بِكَ مِنْ حَالِ اَهْلِ النَّارِ . $$

"Elhamdülillâhi alâ külli hâl, sive'l-küfri ve'd-dalâl. Ve eûzü bike min hâl-i ehli'n-nâr."

"Küfür ve dalâlet dışındaki her hâle Allah'a hamd olsun. Rabbim, Cehennemliklerin amelinden sana sığınırım. Cehennemlik hâllerden bizi koru."

Üzünülmesi gereken, insanı Cehennem'e götüren amellerdir. Öyle bir amele mâruz kalınmasın, diğer musîbetler mühim değildir. Gelir, geçer. Bir gün yok olup gider.

■ EVDEN ÇIKARKEN OKUNACAK DUÂ

Resûlüllah Efendimiz'in Hâne-i Saâdet'inden çıkarken okuduğu duâsı aynen şöyledir:

$$ بِسْمِ اللهِ تَوَكَّلْتُ عَلَى اللهِ اَللّٰهُمَّ اِنِّى اَعُوذُ بِكَ $$

$$ اَنْ اُضِلَّ اَوْ اُضَلَّ اَوْ اَزِلَّ اَوْ اُزَلَّ اَوْ اَظْلِمَ اَوْ اُظْلَمَ $$

أَوْ اَجْهَلَ اَوْ يُجْهَلَ عَلَیَّ.

"Bismillâh. Tevekkeltü alellah. Allahümme in-nî eûzü bike en udille ev udalle. Ev ezille, ev üzel-le. Ev ezlime, ev uzleme. Ev echele, ev yüchele aleyye."

"Allah'ın ism-i şerîfini zikrederek evimden çıkıyorum, Bütün işlerimde Allah'a tevekkül ediyorum. Allah'ım, doğru yoldan sapmaktan, başkalarını da saptırmaktan; hataya düşmekten, başkalarını da düşürmekten; haksızlık etmekten, haksızlığa uğramaktan; hürmetsizlik ve cahillik etmekten, yahut bunlara mâruz kalmaktan sana sığınırım."

Demek sabah evimizden çıkıp işimize giderken günlük hayatımızın başında adımlarımızı bu dileklerle, duâlarla atar, bilcümle kötülük ve haksızlıklardan Allah'a sığınırız. Kimseye ne kötülük etmek ister, ne de kimseden bir kötülük ve haksızlığa mâruz kalmayı arzu ederiz.

Evden çıkarken okunacak bir diğer kısa duâ da şudur:

بِسْمِ اللهِ تَوَكَّلْتُ عَلَى اللهِ لَا حَوْلَ وَلَا قُوَّةَ إِلَّا

بِاللهِ.

"Bismillâh, tevekkeltü alellah, lâ havle velâ kuvvete illâh billâh."

Bu duâyı okuyarak yoluna devam eden kimsenin çevresindeki şeytanlar kaçıp giderken diğer şeytanlara "Yaklaşmayın, okuduğu duâ size de çarpar," diye ikâz edecekleri kitaplardaki kayıtlardan anlaşılmaktadır.

■ SOKAKTA YÜRÜRKEN OKUNACAK DUÂ

Zihni ve kalbi sokağın kötülük ve fuzulî meşguliyetlerinden kurtarıp şu duâyı okumak, fevkalâde güzel ve sevaplı bir ibâdettir.

Hepimizin bildiğini sandığım duâ şudur:

لَا إِلَهَ الَّا اللهُ وَحْدَهُ لَا شَرِيكَ لَهُ لَهُ الْمُلْكُ وَلَهُ
الْحَمْدُ يُحْيِى وَيُمِيتُ وَهُوَ حَيٌّ لَا يَمُوتُ بِيَدِهِ
الْخَيْرُ وَهُوَ عَلَى كُلِّ شَيْءٍ قَدِيرٌ.

"Lâ ilâhe illâllahü vahdehû lâ şerîke leh, lehü'l- mülkü, ve lehü'l-hamdü, yuhyî ve yümîtü ve

hüve hayyün lâ yemût, biyedihi'l-hayr, ve hüve alâ külli şey'in kadîr!"

■ ALIŞ-VERİŞ YAPACAĞI İŞ YERLERİNDE VE ÇARŞI PAZARDA OKUNACAK DUÂ

İş hayatında, çarşı-pazarda alış-veriş yaparken aldanmak olduğu gibi aldatmak da bahismevzu olabilir. Nitekim alıp satacağımız şey hakkımızda hayırlı olacağı gibi, hayırsız da olabilir.

Bütün bunlar için, duâ etmeli, iyisini, hayırlısını, helâlını dilemeliyiz. Resûl-i Ekrem Efendimiz, bu meâldeki duâsını şöyle okumuş, bizlere de örnek vermiştir:

اَللّٰهُمَّ إِنِّى اَسْئَلُكَ مِنْ خَيْرِ هٰذَا السُّوقِ وَخَيْرِ مَا فِيهَا وَاَعُوذُ بِكَ مِنْ شَرِّهَا وَشَرِّ مَا فِيهَا اَللّٰهُمَّ اِنِّى اَعُوذُ بِكَ اَنْ اُصِيبَ فِيهَا يَمِيناً فَاجِرَةً اَوْ صَفْقَةً خَاسِرَةً

"Allahümme, innî es'elüke min hayri hâze's-sûki ve hayri mâ fîhâ, Ve eûzü bike min şerrihâ ve şerri mâ fîhâ. Allahümme innî eûzü bike en usîbe fîhâ yemînen fâcireten ev safkaten hâsireten."

"Allah'ım, aziz isminle giriyorum buraya, Allahım, senden bu çarşının (iş yerinin) hayırlısını diler, içindekinin hayırlısını nasîp etmeni niyaz ederim. Şerrinden ve şerlisinden de sana sığınırım. Allah'ım, burada günah getiren yeminden, zarar veren ticaretten de sana sığınırım."

■ EVE GİRERKEN OKUNACAK DUÂ

Bir kimse evine girerken şu duâyı okur:

اَللّٰهُمَّ اِنّى اَسْئَلُكَ خَيْرَ الْمَوْلَجِ وَخَيْرَ الْمَخْرَجِ بِسْمِ اللّٰهِ وَلَجْنَا، وَبِسْمِ اللّٰهِ خَرَجْنَا وَعَلَى اللّٰهِ تَوَكَّلْنَا.

"Allahümme inni es'elüke hayra'l-mevleci ve

hayra'l-mahrec. Bismillâhi velecnâ, ve bismillâhi harecnâ ve alellâhi tevekkelnâ."

Bir hadîsten öğrendiğimize göre, evine gelen insanı sokaktan şeytan takibe başlar. Kapıya kadar peşinden ayrılmaz. Şayet kapıdan girerken bismillâh deyip selâm vererek girerse, şeytan, bu eve girmeme müsaade yoktur, diyerek geri dönüp gider. Şayet eşiğinden içeriye besmelesiz girerse, şeytan sevinir, bu eve ben de girebilirim, diyerek birlikte girerler. Tabiî huzursuzluk da, bereketsizlik de birlikte girer, münakaşa başlar.

Bu bakımdan eşiğimizden içeriye girerken mutlaka besmele çeker, hâne halkına da selâm veririz. Nitekim evimizden sokağa çıkarken de yine besmele ile çıkıp, sokağın kötülüklerinden Rabbimize sığındığımız gibi.

■ GECE YATARKEN OKUNACAK DUÂ

Uyku için yatağa girmek, günlük faaliyeti bitirip istirahate çekilmek demektir. Artık gün boyu yaşadığımız hâdiseleri şöyle bir gözden geçirmek gerek. Bakalım, ne kadar hayırlı iş yapmış, ne ölçüde de şerli, yahut zararlı durumlara mâruz kalmışız?..

Bu muhasebenin zamanı, uykuya varılacağı andaki istirahat zamanıdır.

Resûl-i Ekrem Efendimiz uykudan önce bir nefis muhâsebesi yapar, kısa ve uzun olmak üzere iki türlü duâ okuyarak uykuya varırdı.

Uykuyu ölüme benzettiği kısa duâsı şöyleydi:

بِاسْمِكَ اللّٰهُمَّ أَحْيَا وَأَمُوتُ

"Bismikellahümme, ehyâ ve emûtü."

"Allah'ım, senin isminle diriliyor, senin isminle ölüyorum."

Hadîs kitaplarında Resûl-i Ekrem Efendimiz'in uykuya yatma duâsı anlatılırken şöyle bilgi verilir:

Nebiyy-i Ekrem Efendimiz yatağına girince sağına yatar, sağ elinin içini sağ yanağına getirir, böylece Allah'a teslim olma duâsını okurdu. Bu duâ şöyleydi:

اَللّٰهُمَّ أَسْلَمْتُ نَفْسِي إِلَيْكَ وَوَجَّهْتُ وَجْهِي

إِلَيْكَ وَفَوَّضْتُ أَمْرِي إِلَيْكَ وَالْجَأْتُ ظَهْرِي

إِلَيْكَ رَغْبَةً وَرَهْبَةً إِلَيْكَ لَا مَلْجَأَ وَلَا مَنْجَأَ مِنْكَ

إِلاَّ إِلَيْكَ آمَنْتُ بِكِتَابِكَ الَّذِى اَنْزَلْتَ وَبِنَبِيِّكَ
الَّذِى اَرْسَلْتَ .

"Allahümme eslemtü nefsî ileyke. Ve veccehtü vechî ileyke. Ve fevvadtü emrî ileyke. Ve elce'tü zahrî ileyke, rağbeten ve rehbeten ileyke. Lâ melce'e, velâ mencee minke illâ ileyke. Âmentü bi-kitabikellezî enzelte, ve bi-nebiyyikellezî erselte.

"Allah'ım, nefsimi sana teslim ettim, yüzümü sana çevirdim. İşimi de sana havale ettim. Sırtımı sana hem korkarak, hem de ümid ederek dayadım. Zaten senden başka sığınacak, senden başka dayanacak melce' ve mence' de yoktur. Kurtarış ve himaye ancak sendendir, sana mahsustur. Allah'ım, indirdiğin kitabına, gönderdiğin Peygamberine iman ettim. Bu hâl ve iman ile uykuya yatıyorum."

Şayet sünnet olan bu duâlar bilinmiyorsa, üçer defa (İhlâs) sûresinin okunması, yahut (Felâk) ve (Nâs) sûrelerinin tilâvet edilmesi de, aynı niyete kâfi gelir.

Ayrıca bazı mâneviyat büyükleri yatarken abdest alıp birkaç rekât namaz kılarak yatmayı âdet edinmişlerdir. Şayet böyle bir alışkanlık da kazanılırsa, fevkalâde güzel bir âdet edinilmiş olunur. Şüphe-

siz ki, teheccüd namazı, böyle güzel âdetlerden biri-
dir. Gecenin yarısından sonra kalkıp kaza namazı
borcu varsa onu kılmak, yoksa nafile namazlar kılıp
Resûlüllah Efendimiz'in sünnetini yerine getirmiş ol-
mak, mahşerde yüzünün ay gibi parlamasına sebeb
olacak güzel bir amel demektir.

İyi şeyler düşünerek, hayırlı ve mübarek mevzu-
lar tasavvur ederek uyumak, aynı şekilde iyi rü'yalar,
hayırlı şeyler görmeye bir vesile teşkil eder. Bu itibar-
la yatarken duâyı okuyunca hiçbir şey konuşmamalı,
zihni ve hayâli mübarek şeylerden âdi mevzulara
kaydırmamalıdır.

Böyle güzel bir hayâl ve tasavvurla yatağına
uzanan Efendimiz, gece uyanınca da uyku arasında
şu duâyı okur, Rabbına olan teslimiyetini şöyle de-
vam ettirirdi:

$$\text{لَا إِلَهَ إِلَّا اللهُ الْوَاحِدُ الْقَهَّارُ رَبُّ السَّمٰوَاتِ}$$

$$\text{وَالْأَرْضِ وَمَا بَيْنَهُمَا الْعَزِيزُ الْغَفَّارُ.}$$

**"Lâ ilâhe illellâhü'l-vâhidü'l-kahhâr. Rabbü's-
semâvati ve'l-ardi ve mâ beynehüme'l-azizü'l-
gaffâr."**

Yatarken duâ ile yatan, uyanınca da duâ oku-
yan, kalkarken de yine duâ ile kalkan insanın bütün
hayatı, Rabbına teslimiyet ve iltica ile geçer. Korku-
lar, endişeler, böylece yok olup gider. Şeytan vesve-
se veremez, muzır ruhanîler yaklaşıp da huzurunu
kaçıramazlar.

■ SABAH KALKARKEN OKUNACAK DUÂ

İnsan her gece ölür, her sabah da dirilir. Ancak
böyle her gece ölüp, her sabah dirilen insan, en son
ölümden sonra da aynı şekilde dirileceğini pek hatı-
rına getiremez. Halbuki, her gece ölüp, her sabah di-
riliş, en son ölüş ve dirilişin bir izahı ve tatbikatıdır.

Nitekim Resûl-i Ekrem Efendimiz sabahları uy-
kudan uyanınca, böyle bir tefekkür içinde şu duâyı
okurdu:

$$\text{اَلْحَمْدُ لِلّٰهِ الَّذِى اَحْيَانَا بَعْدَمَا اَمَاتَنَا وَإِلَيْهِ}$$

$$\text{النُّشُورُ.}$$

**"Elhamdü lillâhillezî, ahyanâ ba'de mâ emâ-
tenâ ve ileyhi'n-nüşûr!"**

"Bizi öldürdükten sonra tekrar dirilten Allah'a hamd olsun. Ne kadar ölüp dirilsek de, yine sonunda O'na döneceğiz. En son durağımız O'nun huzurudur."

■ YEMEKTEN ÖNCE VE SONRA OKUNACAK DUÂ

Yediğimiz yemeğin bize sıhhat ve afiyetler getirmesi en büyük dileğimizdir. Bunun için lokmalarımızın helâl olmasına dikkat ettiğimiz gibi, sıhhat ve afiyete vesile olacak bereket duâlarını okumayı da ihmal etmeyiz. Peygamberimiz yemeğe başlarken mutlaka besmele çekmiş, bizlere de aynı şeyi yapmayı tavsiye buyurmuştur.

Bundan dolayıdır ki, bizler sofraya oturunca, önce:

— Bismillâhirrahmânirrahîm, der, sonra elimizi uzatırız. Şayet Besmele'yi baştan unutacak olursak, hatırımıza geldiği yerde, **Bismillâhi fî evvelihî ve âhirihî,** deriz.

Yemeğe böyle zikirle başlayan mü'min, fikirle devam eder, hamdle de bitirerek Peygamberimizin şu hamd duâsını da sonunda aynen okur:

اَلْحَمْدُ لِلّهِ الَّذِى اَطْعَمَنَا وَسَقَانَا وَجَعَلَنَا مُسْلِمِينَ.

"Elhamdü lillâhillezî et'amenâ ve sekânâ ve cealenâ müslimîn!."

Duâyı uzatmak isterse şöyle ilâve yapabilir:

وَرَحْمَةُ اللهِ وَبَرَكَاتُهُ عَلَى صَاحِبِ الطَّعَامِ وَالْآكِلِينَ اَطْعَمَنَا اللهُ مِنْ طَعَامِ الْجَنَّةِ وَسَقَانَا اللهُ مِنْ شَرَابِ الْكَوْثَرِ وَاَكْرِمْنَا بِرُؤْيَةِ جَمَالِكَ يَا إِلهَ الْعَالَمِينَ وَالْحَمْدُ لِلّهِ رَبِّ الْعَالَمِينَ.

"Ve rahmetullahi ve berekâtühü alâ sahibi't-taâmi ve'l-âkilîn. Et'amenallâhü min taâmi'l-Cenneh ve sekânallahü min şerâbi'l-kevser ve ekrimnâ bi-rü'yeti cemâlike yâ İlâhe'l-âlemîn. Velhamdülillâhi Rabbi'l-âlemîn.."

Önemli olan, yemeğin başında zikirli, ortasında fikirli, sonunda da şükürlü olmamızdır. Besmele çekmekle zikrimizi yapmalı, bu nimeti veren Rabbimizi düşünmekle fikrimizi, sonunda da duâmızı yapmakla hamdimizi ifa etmiş olmalı; gaflete, takdirsizliğe düşmemeliyiz.

■ SU İÇERKEN OKUNACAK DUÂ

Rabbimizin istifademize tahsis ettiği yüce nimetlerinden biri de şüphesiz ki, su'dur. Su, hava gibi hayat bahşeden bir nimettir. Ekmeksiz yaşanabilir, ama havasız ve susuz yaşanamaz.

Peygamberimiz su içtikten sonra nimetin kıymetini takdir eden bir duâ okur, tefekkürde bulunurdu.

Nitekim râviler bize Efendimiz'in suyu içtikten sonra şu duâyı okuduğunu haber vermekteler:

اَلْحَمْدُ لِلّهِ الَّذى سَقانَا عَذْبًا فُرَاتًا بِرَحْمَتِهِ وَلَمْ يَجْعَلْهُ مِلْحًا اُجاجًا بِذُنُوبِنا.

"Elhamdü'lillâhil'lezî sekânâ azben fürâten birahmetihî, ve lem yec'alhü milhan ücâcen bizünûbinâ."

"Şefkat ve merhametiyle bize tatlı ve lezzetli su içiren, işlediğimiz günahlar sebebiyle suyumuzu acılaştırıp, tuzlu kılmayan Rabbimize hamd olsun!"

Demek ki bizler nimete karşı takdirsizlik günahı işlediğimiz için kulluğumuzu acılaştırıyoruz, ama Rabbimiz yine de ihsan ettiği tatlı suyunu tuzlandırıp acılaştırmıyor, bize bal gibi lezzetli nimetini ihsan etmeye devam ediyor.

Bunun takdirini yapmak, şuurunda olmak bir duâdır. Her su içişimizde bu duâyı yapmalı, bu şuuru tatmalıyız.

Duâ bilinmediği takdirde besmele çekmek dahi, o nimete karşı takdir ve duâ mânâsını ifade eder.

■ ZEMZEM İÇERKEN OKUNACAK DUÂ

Zemzem suyu, niyete göre şifa veren mübarek bir su'dur.

Zemzemi içecek kimse, önce besmele çeker, sonra neye niyet edecekse onu hatırlar, o niyetle içer, inşaallah niyetine göre de neticeye kavuşur.

Zemzem içilirken ayağa kalkılır, kıbleye karşı durulur, bismillâh denilir, şu duâ okunarak içilir:

اَللّٰهُمَّ إِنّى اَسْئَلُكَ عِلْماً نَافِعاً وَرِزْقاً وَاسِعاً
وَشِفَاءً مِنْ كُلِّ دَاءٍ.

"Allahümme innî es'elüke ilmen nâfian, ve rızkan vâsian ve şifâen min külli dâin."

"Allah'ım, senden faydalı ilim, geniş rızık ve her türlü derde deva diliyorum."

■ HAMAMDA OKUNACAK DUÂLAR

Banyo yerleri umumiyetle kirli olan mahallerdir. Habîs ruhlar, şeytanî tehlikeler de böyle yerlerde yaşar, gelişip vücud bulur.

Bunun içindir ki, yıkanma yerlerine girilirken, çıkılırken hep duâlar okunur, bu şerîr ve habîs ruhanîlerin şerrinden Allah'a sığınılır. Resûl-i Ekrem Efendimiz, banyo yerine girerken şu duâyı okumayı tavsiye buyurmuştur:

اَللّٰهُمَّ إِنّى اَسْئَلُكَ الْجَنَّةَ وَاَعُوذُ بِكَ مِنَ النَّارِ

وَمِنْ شَرِّ مَا خُلِقَ مِنَ النَّارِ.

"Allahümme innî es'elüke'l-Cennete ve eûzü bike mine'n-nâr ve min şerri mâ hulika mine'n-nâr."

"Allah'ım, senden Cennet'i isterim, ateşten ve ateşten yaratılanın şerrinden sana sığınırım."

İçindeki sıcaklığıyla Cehennem'i hatırlatan hamama girerken bu duâ okunduğu gibi, temizlendikten sonra, çıkarken de şu duâyı okumak münasip olmaktadır:

اَللّٰهُمَّ اِنِّى اَعُوذُ بِكَ مِنَ النَّارِ وَاَسْئَلُكَ غُفْرَانَكَ الْحَمْدُ لِلّٰهِ الَّذِى اَذْهَبَ عَنِّى الْاَذَى وَعَافَانِى.

"Allahümme innî eûzü bike mine'n-nâr ve es'elüke gufrâneke. Elhamdülillâhillezi ezhebe anni'l-ezâ ve âfânî."

"Yâ Rab, buranın hatırlattığı Cehennem'den sana sığınırım. Senin af ve mağfiretini dilerim. Hamd olsun O Allah'a ki, bana eziyet veren kirleri, halkettiği suları vasıtasıyla giderdi, bana âfiyet ihsan eyledi."

■ MUAYYEN HÂLDEKİ KADININ DUÂSI

Bilindiği üzere kadınlar her ay muayyen hâle mâruz kalırlar. Bu hâlde iken namaz kılamaz, oruç tutamaz, camiye giremez, Kâbe'yi tavâf edemezler. Ancak, her namaz vaktinde sanki namazdaymış gibi seccadesini serip üzerine oturarak tevbe, istiğfar etmesi, bildiği duâları okuması, bulunduğu hâlin hakkında hayırlı olmasını dilemesi, güzel bir İslâmî âdet olur, bu hâli nafile namaz kılmış sevabı kazandırır. Nitekim bir hadîs-i şerîflerinde Efendimiz şöyle buyurmuşlardır:

— Muayyen hâldeki kadın namaz vakitlerinde (70) defa tevbe estağfirullah, diyerek günahlarına tevbe etse, bir rekât nafile namaz kılmış sevabını hak etmiş olur. Hem de yetmiş günahı afvolur, istiğfar harfleri sayısınca da kendisine nûr verilir.

Diğer bir hadîslerinde Efendimiz şöyle buyurmuşlardır:

— Hayızlı kadın bu halde iken:

تَبَارَكَ اللّٰهُ اَحْسَنُ الْخَالِقِينَ اللّٰهُمَّ بَارِكْ فِيهِ.

"Tebârekallahü ahsenü'l-Hâlikîn. Allahümme bârik fîhi" diyerek duâ etse, Allah ona Cehennem'den kurtulma beraatı verir.

● **Muayyen Haldeki Kadına Haram Olanlar**

Muayyen hâlde olan kadına şu sekiz şey haramdır. Bu hâl bitinceye kadar bunları yapamaz:

1- Farz olsun, nafile olsun namaz kılamaz.

2- Bir tek âyet dahi olsa Kur'an okuyamaz.

3- Bir tek âyete olsun elini dokunduramaz, Mushaf'ı eline alamaz.

4- Camiye ve mescidlere giremez.

5- Hacda ise Kâbe'yi tavâf edemez.

6- Oruç tutamaz.

7- Nikâhlısıyla ailevî yakınlıkta bulunamaz.

8- Nikâhlısı avret yerlerine dokunamaz.

Peygamberimiz bir hadîslerinde şöyle buyurmuşlardır:

وَلَا يَقْرَؤُا الْحَائِضُ وَلَا الْجُنُبُ شَيْئاً مِنَ الْقُرْاٰنِ

"Ay hâlindeki kadınla, cünüb insan Kur'an'dan bir tek âyet olsun okuyamazlar."

Çocuk doğumundan sonra (Nifas) günlerindeki kadın da, aynen ay hâlindeki kadın gibidir. Kur'an okuyamaz.

Ancak, bu hâllerdeki kadınlar, duâ okuyabilirler. Duâ mânâsına gelen âyetleri de duâ niyetiyle okumaları câizdir.

Nitekim Kur'an'da geçen:

$$\text{رَبَّنَا آتِنَا فِى الدُّنْيَا حَسَنَةً وَفِى الْآخِرَةِ حَسَنَةً وَقِنَا عَذَابَ النَّارِ.}$$

"Rabbenâ, âtina, fi'd-dünya haseneten ve fi'l-âhireti haseneten ve kınâ azâbe'n-nâr" âyetini duâ maksadıyla okumaları câiz görülmüştür.

"Rabbimiz, bize dünyada da iyilik ver, âhirette de iyilik ver. Bizi Cehennem'in âteşinden koru..."

Şu kadarı da var ki, ay hâli ile nifas hâlindeki kadının Kur'an'a gözle bakmalarında mahzur yoktur. Zira bulundukları hâl, gözlerine sirayet etmez. Nitekim bu hâlden çıkmak için guslederken de gözlerinin içini yıkamaları gerekmez. Zira göz, bedenin iç kısmına dahildir, yıkanması gereken dış kısmından sayılmaz. Göz bebeğine lens yerleştirmiş kimse de bu sebeble gusülde lensi çıkarması gerekmez.

■ TECDİD-İ İMAN VE NİKÂH DUÂSI

Küfürlü sözlerin bazıları imanı da tehlikeye sokar, nikâhı da...

Zaten imanı tehlikeye sokan bütün sözler, nikâhı da kesinlikle tehlikeye sokmuş olur. Zira nikâh, imanla kâimdir. İmanı olmayanın nikâhı da olmaz; sahip olduğu imanını küfürlü sözlerle yitiren kimse mürted olur. Mürtedin nikâhı ise, imanıyla birilkte gitmiş olur, nikâhsız sayılır.

İşte insan bu gibi kötü neticeleri veren söz ve düşüncelerle sık sık karşı karşıya kalabilir. Bu sözlerin kötü ve korkunç neticesinden kurtulmak için iman ve nikâh yenileme duâsı okur, yaptığı tevbe, istiğfarlarla (şayet vâki olmuşsa) küfürlü söz ve fikirlerin hükmünü yok etmeye çalışır.

Bunun içindir ki, bir çok cami imamları namazdan sonra cemaatına tevbe, istiğfar yaptırır, imanında ve nikâhında bir sakatlama olması ihtimalinin neticesini bu tevbe, istiğfarla kaldırmayı isterler.

Böyle menfî söz ve fikirlerin tehlikeli sonucunu yok etmek için her mü'min, kendi âleminde sık sık tevbe, istiğfar etmeli; büyük, küçük her ne kadar günah olan söz söylemiş, fikir müdafaa etmişse cümlesine pişmanlık duyarak imanını yenilemeli, dolayısıyla nikâhını da tazelemiş olmalıdır.

Hadîs-i şerîfte imanı yenileme duâsı kelime-i tevhid olarak zikredilmiştir. Nitekim Efendimiz, ashâbına:

— **İmanınızı yenileyiniz,** buyurmuş, ashâb da:

— **Nasıl yenileyelim?** deyince şu karşılığı vermiştir:

اَللّٰهُمَّ اِنّى اُرِيدُ اَنْ اُجَدِّدَ الْايِمَانَ وَالنِّكَاحَ

تَجْدِيداً بِقَوْلِ لَا اِلٰهَ اِلَّا اللهُ مُحَمَّدٌ رَسُولُ اللهِ.

"**Allahümme innî ürîdü en üceddide'l-îmâne ve'n-nikâha tecdîden bi-kavli lâ ilâhe illâllah, Muhammedün Resûlüllah**," diyerek iman ve nikâhınızı tazeleyiniz.

Mânâsını özetleyecek olursak şöyle diyebiliriz:

"Ey Rabbim, imanımı ve nikâhımı, lâ ilâhe illâllah, Muhammedün Resûlüllah diyerek yeniliyorum. Benden imanıma aykırı düşecek ne kadar söz, hareket ve fikir meydana gelmişse, hepsine tevbe, istiğfar ediyor, pişmanlık duyup af diliyorum. Beni afvet, nikâhımda sabit kıl."

■ ÂİLEVÎ YAKINLAŞMALARDA DUÂLAR

Şeytan, çocuğun doğmasına sebeb olacak âilevî yakınlaşmalarda daha çok zararlı olmak ister, mahzurlar ilka etmeye gayret eder.

Bunun için âilevî yakınlaşmalardan önce, şu duânın okunmasını Resûl-i Ekrem Efendimiz tavsiye buyurmuştur:

$$ بِسْمِ اللهِ اَللّٰهُمَّ جَنِّبْنَا الشَّيْطَانَ وَجَنِّبِ الشَّيْطَانَ $$

$$ مَا رَزَقْتَنَا $$

"Bismillâh, Allahümme cennibne'ş-şeytane ve cennebi'ş-şeytane mâ razektenâ..."

"Allah'ım, şeytanı bizden uzaklaştır, bize takdir ettiğin çocuktan da uzaklaştır."

■ ERKEK ÇOCUK İSTEYENİN DUÂSI

Erkek mi, yoksa kız mı hayırlı pek bilinemez. Bazılarına erkek, bazılarına da kız hayırlı olur. Bazan da her ikisi de hayırlı olur. Yeter ki, bunların yetiştiril-

mesinde gereken titizlik gösterilsin, ana-baba mükel-
lefiyeti yerine getirilmekte ihmal edilmesin.

Bununla beraber erkek çocuk isteyen kimseler,
bu çocuğun vücûda gelmesine sebeb olacak yakın-
laşma ânında, besmele çeker, üç defa ihlâs sûresini
okur, sonra da:

$$ اَللّٰهُمَّ اجْعَلْنِى مِنْ لَدُنْكَ ذُرِّيَّةً طَيِّبَةً مُطِيعَةً $$

**"Allahümme'c'alnî min ledünke zürriyyeten
tayyibeten mutî'aten."** derlerse, inşâallah hakların-
da hayırlı olan kendilerine ihsan edilir.

■ ÇOCUĞUN KULAĞINA OKUNACAK DUÂ

Çocuk dünyaya geldikten sonra ilk fırsatta dînî
bilgisi olan kimse çağrılır, çocuk kucağına verilir. Sağ
kulağına ezan, sol kulağına da kamet okunur. Sonra
da şöyle duâ etmesi sağlanır:

— **Allah'ım, bu yavruyu İslâm fidanlığında bi-
ten güzel bir fidan olarak büyüt, İslâmî hayatta
ebedî ve sabit kıl!**

Bu sıralarda çocuğuna bakan ana-baba, İbrahim

Aleyhisselâm'ın oğulları İsmail ve İshak'a bakarken okuduğu duâyı okurlar:

اَلْحَمْدُ لِلّٰهِ الَّذِى وَهَبَ لِى عَلَى الْكِبَرِ اسْمَعِيلَ وَإِسْحٰقَ اِنَّ رَبِّى لَسَمِيعُ الدُّعَاءِ.

"Elhamdü'lillâhillezî vehebe lî ale'l-kiberi İsmâile ve İshâk. İnne Rabbî le semî'u'd-düâ."

"Bana bu evlâdı ihsan eden Allah'a hamd eder, minnet ve şükranlarımı takdim ederim..."

Konuşma devrelerinde çocuğa ezberletilecek ilk söz, kelime-i tevhîd olmalıdır. Yâni:

لَا إِلٰهَ إِلَّا اللّٰهُ مُحَمَّدٌ رَسُولُ اللّٰهِ.

"Lâ ilâhe illâllah, Muhammedün Resûlüllah," dedirtmelidir.

Ne yazık ki bazı cahil baba ve analar, yavrularına hiç de hayırlı ve faydalı olmayan şeyler ezberletiyor; hattâ bunlardan bazı katmerli cahiller, çocuklarına yakınlarına küfür etmesini bile öğretip sövdürüyor, gülüşüyorlar. Böylece ilk günlerde sövmeye alışan çocuk, daha sonraları bunu diline dolayıp küfürlü sözlerden kurtulamıyor, küfürle başlayan konuşma, sonra ana-babaya da küfürle devam ediyor, cezalarını bu evlâdları eliyle buluyorlar.

■ DOĞUMDA OKUNACAK DUÂ

Doğum, hayatî tehlike arzeden bir ameliyat olabilir. Böylesine ciddî bir olay, elbette sadece mânevî duâ ile geçiştirilemez. Önce maddî tedbirler alınır, yâni gereken ebeye, doktora gidilir, alâka ve muayenesi te'min edilir. Bundan sonra sıra mânevî tedbire, yâni duâya gelir. Nasıl sadece doktor kesin şifaya vasıta değilse, sadece duâ da öyle kesin şifaya sebeb olmaz. Zira ikisini de Rabbimiz emretmekte, hem maddî, hem de mânevî tedbiri dinimiz istemektedir. Birini icrâ edip ötekini ihmal eden, elbette yarım iş yapmış olur. Tek kanatlı kuşun uçtuğu kadar başarı te'min edilir.

Maddî tedbirden sonra alınacak mânevî tedbiri, yâni okunacak duâyı, Efendimiz şöyle tavsiye buyurmuştur:

1- Doğum yapacak hanımın sıhhat ve kolaylıkla doğumunu yapması niyetiyle, önce Âyete'l-Kürsî okunur, sonra (Felâk ve Nâs) sûreleri oku-

nur. Bunlardan sonra da şu âyet okunur:

$$\text{اِنَّ رَبَّكُمُ اللهُ الَّذِى خَلَقَ السَّمٰوَاتِ وَالْاَرْضَ فِى}$$

$$\text{سِتَّةِ اَيَّامٍ ثُمَّ اسْتَوٰى عَلَى الْعَرْشِ يُغْشِى الَّيْلَ}$$

$$\text{النَّهَارَ يَطْلُبُهُ حَثِيثاً وَالشَّمْسَ وَالْقَمَرَ وَالنُّجُومَ}$$

$$\text{مُسَخَّرَاتٍ بِاَمْرِهِ اَلَا لَهُ الْخَلْقُ وَالْاَمْرُ تَبَارَكَ اللهُ}$$

$$\text{رَبُّ الْعَالَمِينَ.}$$

"İnne Rebbekümülahüllezi haleka's-semâvâti ve'l-arda fî sitteti eyyâmin, sümm'estevâ ale'l-arşi, yuğşi'l-leyle'n-nehâra yetlübühû hasîsen. Ve'ş-şemse ve'l-kamere ve'n-nücûme müsahha-râtin bi-emrih, elâ lehü'l-halku ve'l-emru. Tebâre-kellahü Rabbü'l-âlemîn."

Resûl-i Ekrem Efendimiz kızı Fâtıma validemizin doğumunda bu duâyı okutmuş, netice sevindirici şe-kilde huzurlu ve sıhhatli olarak tecelli etmiştir. Müba-rek nesil Hazret-i Hasan ve Hüseyin Efendilerimiz böyle duâlarla dünyaya gelmişlerdir.

■ TEVBE, İSTİĞFAR DUÂLARIMIZ

Tevbe, istiğfar duâlarının mânâsı, yaptığımız bütün günahlara pişmanlık duyduğumuzu ifâde etmemiz, bundan sonraki hayatımızda bir daha böyle günah ve kusurları işlemeyeceğimize Rabbimize söz vermemizdir.

Ancak, tevbeyi belli kudsî kelimelerle yapmak, mâneviyat büyüklerinin okuduğu duâ ile icrâ etmek güzel bir âdettir. Mânâda güzel olduğu gibi, mânâyı ifâde eden kelimelerde de güzellik bahismevzu olur. Kendi kelimelerimizde ise güzellik sadece mânâda olur, kullandığımız kelimelerde kudsiyet olmaz. Zira kendi kelimelerimiz ne âyette, ne de hadîste geçen, şahsımıza ait beşerî lâfızlardır.

Günah ve kusurlarına pişmanlık duyup, üzüntü ve elem hisseden mü'min, önce şu istiğfar duâsını huşû ve hudû ile okur:

أَسْتَغْفِرُ اللهَ أَسْتَغْفِرُ اللهَ أَسْتَغْفِرُ اللهَ الْعَظِيمَ

الْكَرِيمَ الَّذِى لَا اِلَهَ اِلَّا هُوَ الْحَىَّ الْقَيُّومَ وَاَتُوبُ

اِلَيْهِ تَوْبَةَ عَبْدٍ ظَالِمٍ لِنَفْسِهِ لَا يَمْلِكُ لِنَفْسِهِ مَوْتًا

وَلَا حَيَاةَ وَلَا نُشُوراً وَاَسْئَلُهُ التَّوْبَةَ وَالْمَغْفِرَةَ

وَالْهِدَايَةَ لَنَا إِنَّهُ هُوَ التَّوَّابُ الرَّحِيم

"Estağfirullah. Estağfirullah. Estağfirullahe'l-azîm el-kerîm, ellezî lâ ilâhe illâ hüve'l-hayyü'l-kayyûmü ve etûbü ileyhi, tevbete abdin zâlimin li-nefsihi, lâ yemlikü li-nefsihî mevten ve lâ hayâten ve lâ nüşûrâ. Ve es-elühü't-tevbete ve'l-mağfirete ve'l-hidâyete lenâ, innehû, hüve't-tevvâbü'r-rahîm."

"Yâ Settare'l-uyûb, ya gaffare'z-zünûb!"

"Bu âna gelinceye kadar benim elimden, dilimden, gözümden, kulağımdan, ayağımdan ve elimden bilerek veya bilmeyerek meydana gelen bütün günah ve hatalarıma tevbe ettim, pişman oldum. Küfür, şirk, isyan, günah ve kusur her ne türlü hâl vâki oldu ise, cümlesine nadim oldum, pişmanlık duydum. Bir daha yapmamaya azm ü cezm ü kast ettim. Sen bu tevbemi kabûl eyle. Nefsime uyup, şeytana tâbi olup da aynı günah ve kusurları bir daha tekrar etmeme imkân verme, yâ Rabbi. Bir daha iman ve ikrar ediyorum ki, Peygamberlerin evveli Âdem Aleyhisselâm, âhiri ise Hazret-i Muhammed Aleyhisselâm, bu ikisi arasında sayılarını bilemeyeceğim kadar çok Peygamber gelmiş, İlâhî kitaplar tebliğ etmişlerdir. Bunların cümlesine inandım, iman ettim, hepsi de haktır ve gerçektir. Bütün Peygamberlere, onlara gönderilmiş olan İlâhî kitaplara ve içindeki emirlere şeksiz ve şüphesiz iman ettim, dilimle ikrar, kalbimle tasdik ediyorum ve yine îman ve ikrar ediyorum ki en son kitap Kur'ân-ı Azîmüşşân ve en son Peygamber de Hazret-i Muhammed Aleyhisselâm'dır."

آمَنْتُ بِاللّٰهِ وَبِمَا جَاءَ مِنْ عِنْدِ اللّٰهِ

اٰمَنْتُ بِاللّٰهِ وَمَلٰئِكَتِهِ ، وَكُتُبِهِ وَرُسُلِهِ، وَالْيَوْمِ

الْاٰخِرِ، وَبِالْقَدَرِ خَيْرِهِ وَشَرِّهِ مِنَ اللّٰهِ تَعَالٰى

وَالْبَعْثِ بَعْدَ الْمَوْتِ حَقٌّ اَشْهَدُ اَنْ لَا اِلٰهَ اِلَّا اللّٰهُ

وَاَشْهَدُ اَنَّ مُحَمَّدًا عَبْدُهُ وَرَسُولُهُ

Âmentü billâh ve bimâ câe min indillâh. Âmentü bi-Resûlillâh ve bimâ câe min indi Resûlillâh. Âmentü billâhi ve melâiketihî ve kütübihî ve Rusulihi ve'l-yevmi'l-âhiri ve bi'l-kaderi, hayrihî ve şerrihî minellâhi teâlâ ve'l-bâsü bade'l-mevt. Hakkun, eşhedü en lâ ilâhe illâllah ve eşhedü enne Muhammeden abdühû ve Resûlüh."

Haftanın belli gün ve saatinde tevbe, istiğfar etmeyi âdet edinen mü'min, geçmiş günah ve kusurlarına sık sık tevbe, istiğfarda bulunmalı, bir daha yapmayacağı azmi ve kasdiyle Rabbına yepyeni bir ümid ve imanla yönelmelidir.

■ GÖZ DEĞMESİNE KARŞI DUÂ

Halk dilinde göz değmesi denen isabet-i ayn vardır ve bazı gözlerin değdiği kimseyi veya canlıyı, yahut da eşyayı ziyana uğratıp musîbete mâruz bıraktığı vâkidir.

Dinimiz göz değmesinin aslının olduğunu bildirir. Hattâ Resûl-i Ekrem Efendimiz:

— Nazar, yâni göz, deveyi kazana, insanı mezara sokar, buyurmuştur.

Demek ki bazı gözler, insanın veya herhangi bir

canlının ölümüne sebeb olduğu gibi, eşya ve malın da zararına vesile olabilmektedir.

Burada sorulması gereken suâl şudur:

— Göz neye, niçin değer?

Bunu iyi tesbit etmek gerekir. Bu tesbit yapılırsa mes'eleye kolay çare bulunur.

Göz, baktığı şeyde gördüğü fevkalâdelik ve erişilmezliğe hayret ve hasedle bakar, bundan sonra değme olayı cereyan eder. Meselâ, çok güzel giyinmiş insana, yahut servetini uluorta nazarlara sunup, görenlerin tahrikine sebeb olan zengine göz, hasedle, hırsla bakar.

Öyle ise yaşadığımız çevrenin hasedini tahrik edip, hırs ve arzu ile bakacakları bir görünüş, gösteriş içinde olmamaya gayret etmeliyiz. Muhitin normal gördüğü giyim, kuşam ve hayat tarzı içinde yaşamalıyız ki, bakan gözler hasedli hayretlerle bakmasın, erişilmezlik durumunu görüp de göz değmesine sebeb olmasınlar. Bununla beraber herhangi bir câzip ve fevkalâde şeye bakıldığında göz değmesini önlemek için hemen "maşaallah" demeli, Allah'ın ondan daha güzelini, daha câzibini yarattığını hatırlayarak o fevkalâdeliği göz değecek derecede görmemelidir.

İşte bu sebebledir ki, gözü değen, yahutta değmeyen herkes baktığı güzel ve iyi şeye "maşaallah" diyerek tebrik ve takdir eder, gözün değmesini önlemiş olurlar. Allah'ın sonsuz kudret ve hikmetine göre baktığı o şeyin basit olduğunu düşünürler.

Küçük yavrulara nazar değmesin diye bir takım renkli boncuklar takıp, çaputlar bağlamak İslâm'ın reddettiği bâtıl bir âdettir. İslâm'dan öncekilerin alışkanlıklarının bâzı bilgisiz Müslümanlara geçmiş olmasından başka bir şey değildir. Ancak, kız çocuklarına altından, oğlan çocuklarına da gümüşten Maşaallah askıları takmak günah değildir. Bunların bir meşrû çare olduğunu söylemek mümkündür.

Nazar değmesini önlemek, yahut değdiği sanılan nazarın te'sirini gidermek için okunan âyetler, dualar vardır. Bunlar şunlardır:

Resûl-i Ekrem Efendimiz, Kur'an'ın mânâsını içinde toplayan Fâtiha sûresinin nazara iyi geleceğine işaret ettiği hadîsinde şöyle buyurmuştur:

— Allah'ın kitabında göz değmesini önlemek için sekiz âyet vardır. Bir kimse bu sekiz âyeti evinde okursa o gün o evde bulunanlara insanın ve cinnînin zararı dokunmaz. Yâni nazar erişmez. O sekiz âyetin yedisi Fâtiha sûresi, sekizincisi de Âyete'l-Kürsî'dir.

Muhtârü'l-Ehâdis kitabında geçen bu hadîs bize her gün namazlarımızda tekrarladığımız Fâtiha sûresini ayrıca nazar değmemesi niyetiyle de okumamızı işâret etmektedir. Âyete'l-Kürsî de bilindiği üzere câmiu'l-kelim bir âyettir. Ezberlenip okunmasında her bakımdan fayda vardır.

Büyük velîlerden Hasan Basrî Hazretleri göz değmesine karşı (Kalem sûresinin 51-52'nci âyetleri olan) şu âyetleri okurdu:

$$وَإِنْ يَكَادُ الَّذِينَ كَفَرُوا لَيُزْلِقُونَكَ بِأَبْصَارِهِمْ لَمَّا$$

$$سَمِعُوا الذِّكْرَ وَيَقُولُونَ إِنَّهُ لَمَجْنُونٌ * وَمَا هُوَ$$

$$إِلَّا ذِكْرٌ لِلْعَالَمِينَ *$$

Bunlardan başka Resûl-i Ekrem Efendimiz'in Kur'ân-ı Kerîm'in en son sûrelerini teşkil eden (İhlâs, Felâk ve Nâs) sûrelerini de okuyup tavsiye buyurduğu mervîdir. Bu son üç sûre de okunmalıdır.

Yine bazı eserlerden öğrendiğimize göre Resûl-i Ekrem Efendimiz, torunları Hasan ve Hüseyin'e, nazar değmesin diye duâ okumuşlardır. Bu duâyı şu şekilde tesbit etmiş bulunmaktayız:

$$\text{أَعُوذُ بِكَلِمَاتِ اللهِ التَّامَّةِ مِنْ كُلِّ شَيْطَانٍ وَهَامَّةٍ}$$

$$\text{وَمِنْ كُلِّ عَيْنٍ لاَمَّةٍ.}$$

"Eûzü bi-kelimâtillâhi't-tâmmeti min külli şeytanin ve hâmmetin ve min külli aynin lâmmetin."

Nitekim ashâbtan Sa'd bin Hakîm, Resûl-i Ekrem Efendimiz'in göz değmesinden şüphelendiği zaman şu duâyı okuduğunu rivâyet etmektedir:

$$\text{اَللّٰهُمَّ بَارِكْ فِيهِ وَلاَ تَضُرُّهُ}$$

"Allahümme bârik fîhi ve lâ tedurruhû."

"Yâ Rab, bunu mübarek kıl, zarar vermesine müsaade etme."

Bu mevzuda Hazret-i Enes'ten dinlediğimiz diğer bir rivâyette şöyle denmektedir:

Resûlüllah Aleyhisselâm hoşuna giden bir şey görünce ona bakar, baktığı sırada da hayretini şu cümlelerle ifâde ederdi:

$$\text{مَا شَاءَ اللهُ لَا حَوْلَ وَلَا قُوَّةَ إِلَّا بِاللهِ}$$

"Maşaallah, lâ havle velâ kuvvete illâ billâh."

■ HAKKI HAK OLARAK GÖRME DUÂSI

Saâdetin en büyüğü, hakkı hak olarak görmektir. Nitekim felâketin en büyüğü de, bâtılı bâtıl olarak görememek olduğu gibi.

Mâneviyat büyükleri hakkı bulmak için şu duâyı her zaman ve mekânda tekrarlayıp Allah'a iltica etmişlerdir:

$$\text{اَللّهُمَّ أَرِنَا الْحَقَّ حَقًّا وَارْزُقْنَا إِتِّبَاعَهُ وَأَرِنَا الْبَاطِلَ}$$

$$\text{بَاطِلاً وَارْزُقْنَا إِجْتِنَابَهُ}$$

"Allah'ım, bana hakkı hak olarak göster, ona tâbi olanlardan kıl. Bâtılı da bâtıl olarak göster, ondan uzaklaştır! demiştir.

■ YEMEK DUÂSI

Yemek duâsının çeşitleri vardır. Esas olan uzun, yahut da kısa olması değildir. Asıl olan, yenilen yemeğin kadrini, kıymetini bilmek, Allah'a şükür ve hamdde bulunmaktır. Bu belli kelime ve cümlelerle olduğu gibi, Resûlüllah'ın okuduğu kudsî duâlarla, mâneviyat büyüklerinin yaptıkları çeşitli dilek ve niyazlarla da olabilir.

Nitekim ötedenberi okunan bu gibi duâların içinden birini şöyle arzetmek mümkündür:

اَلْحَمْدُ لِلّٰهِ الْحَمْدُ لِلّٰهِ الْحَمْدُ لِلّٰهِ الَّذِى قَالَ فِى

كِتَابِهِ الْكَرِيمِ: كُلُوا وَاشْرَبُوا وَلاَ تُسْرِفُوا إِنَّهُ لاَ

يُحِبُّ الْمُسْرِفِينَ. اَلْحَمْدُ لِلّٰهِ الَّذِى اَطْعَمَنَا

وَسَقَانَا وَجَعَلَنَا مِنَ الْمُسْلِمِينَ وَرَحْمَةُ اللّٰهِ

وَبَرَكَاتُهُ عَلَى صَاحِبِ الطَّعَامِ وَالْاٰكِلِينَ

وَالْكَاسِبِينَ وَالطَّابِخِينَ وَصَلَّى اللّٰهُ عَلَى سَيِّدِنَا

مُحَمَّدٍ وَعَلَى اٰلِهِ وَأَصْحَابِهِ أَجْمَعِينَ.

"Elhamdülillâh, Elhamdülillâh. Elhamdü-lillâhillezi kâle fî kitabihi'l-kerîm: **Külû, ve'şrabû ve lâ tüsrifû innehû lâ yuhıbbü'l-müsrifîn. Elhamdülillâhillezî et'amenâ ve sekânâ, ve cealenâ minelmüslimîn. Ve rahmetullahi ve berekâtühû alâ sahibi't-taâmi ve'l-âkilîn ve'l-kâsibîn ve't-tâbihîn. Ve sallâllahü alâ seyyidinâ Muhammedin ve alâ âlihi ve ashâbihi ecma'în.''**

İstenirse şunlar da ilâve edilir:

"Nimet-i Celîlullâh, berekât-ı Halîlullâh, şefaat yâ Resûlâllah. Ölenlere rahmet, kalanlara sıhhat ve âfiyet, soframıza bereket, yeyip şükredenlere de mağfiret. Kazananlara huzur, pişirenlere saâdet, cümlemize de şefaat yâ Resûlâllah. Allahümme zid ve lâ tankus bi-hürmeti'l-fâtiha.

■ HACET NAMAZI VE DUÂSI

Elde etmek istediğimiz bazı arzularımızın yerine gelmesi için maddî tedbire başvururuz. Ancak bazan bu tedbir kâfi gelmediğinden isteğimiz hâsıl olmaz. Bu defa da mânevî tedbiri ilâve eder, fiîlî duâya kavlîsini de ekleyerek Hacet namazı kılar, Hacet duâsı yaparız.

Böylece Rabbimizden dileğimizi kabûl buyurmasını, isteğimizi halketmesini tam bir tedbirle istemiş oluruz.

Bu dilek veya Hacet namazı şöyle kılınır:

— İki, yahut (dört) rekât Hacet namazı kılmayı niyet eden kimse, normal namazlar gibi kılacağı namazın birinci rekâtında fâtihadan sonra zamm-ı sûre olarak (Âyete'l-Kürsî)yi, ikinci rekâtında (İhlâs)'ı okur. Eğer kılacaksa üçüncü rekâtında (Felâk)'ı dördüncüde de, (Nâs)'ı okur. Böylece Hacet namazını kılmış olur.

Namazdan sonra Hacet duâsını okuyarak Rabbına tam bir ümidle iltica eder, dileğini kabûl buyurmasını niyaz eyler. Namazdan sonra okuyacağı dilek duâsı şudur:

اَلْحَمْدُ لِلّٰهِ رَبِّ الْعَالَمِينَ وَالصَّلَاةُ وَالسَّلَامُ عَلَى

رَسُولِنَا مُحَمَّدٍ وَعَلَى آلِهِ وَصَحْبِهِ أَجْمَعِينَ لَا إِلٰهَ

إِلَّا اللّٰهُ الْمَلِكُ الْحَلِيمُ الْكَرِيمُ سُبْحَانَ اللّٰهِ رَبِّ

الْعَرْشِ الْعَظِيمِ الْحَمْدُ لِلّٰهِ رَبِّ الْعَالَمِينَ أَسْئَلُكَ

مِنْ مُوجِبَاتِ رَحْمَتِكَ وَعَزَائِمِ مَغْفِرَتِكَ الْغَنِيمَةَ

مِنْ كُلِّ بِرٍّ وَالسَّلَامَةَ مِنْ كُلِّ إِثْمٍ لَا تَدَعْ لِى ذَنْباً

إِلَّا غَفَرْتَهُ وَلَا هَمَّاً إِلَّا فَرَّجْتَهُ وَلَا حَاجَةً هِىَ لَكَ

رِضِى إِلَّا قَضَيْتَهَا يَا أَرْحَمَ الرَّاحِمِينَ.

"Elhamdü lillâhi Rabbi'l-âlemîn. Ve's-salâtü Ve's-selâmü alâ Resûlinâ Muhammedin ve alâ âlihi ve sahbihî ecmaîn. Lâ ilâhe illâllahü'l-Melikü'l-halimü'l-kerîm. Sübhânallahi Rabbi'l-arşi'l-azîm. Elhamdü lillâhi Rabbi'l-âlemîn. Es'elüke min mûcibâti rahmetike ve azâimi mağfiretike'l-ganimete min külli berrin ve's-selâmete min külli ismin, lâ teda'lî zenben illâ gafertehû ve lâ hemmen illâ ferrectehu ve lâ haceten hiye leke rıdan illâ kadayteha, yâ Erhame'r-rahimîn."

■ TEHECCÜD NAMAZI VE DUÂSI

Resûl-i Ekrem Efendimiz geceleri kalkar, teheccüd namazı adıyla bilinen namazı kılardı. Bu namaz, kendisi için vâcib derecesinde bir mükellefiyetti. Ümmetine ise sünnet olarak intikal etmiştir.

Buhârî ve Müslim'in, İbn-i Abbas'tan rivâyet ettikleri hadîslerine göre, Efendimiz bu namaz için kalktığında duâlar okur, Rabbına ilticalarda bulunurdu. Efendimiz'in okuduğu rivâyet edilen duâ şudur:

اَللّٰهُمَّ لَكَ الْحَمْدُ اَنْتَ قَيّومُ السَّمٰوَاتِ وَالْاَرْضِ

وَمَنْ فِيهِنَّ وَلَكَ الْحَمْدُ لَكَ مُلْكُ السَّـ...، رَا...

وَالْاَرْضِ وَمَنْ فِيهِنَّ وَلَكَ الْحَمْدُ اَنْتَ نُورُ

السَّمٰوَاتِ وَالْاَرْضِ وَمَنْ فِيهِنَّ وَلَكَ الْحَمْدُ

اَنْتَ الْحَقُّ وَوَعْدُكَ الْحَقُّ وَلِقَائُكَ حَقٌّ وَقَوْلُكَ

حَقٌّ وَالْجَنَّةُ حَقٌّ وَالنَّارُ حَقٌّ وَالنَّبِيّونَ حَقٌّ

وَمُحَمَّدٌ رَسُولُ اللّٰهِ حَقٌّ وَالسَّاعَةُ حَقٌّ.

"Allahümme leke'l-hamdü, ente kayyûmü's-semâvâti ve'l-ardı ve men fîhinne ve leke'l-hamdü. Leke mülkü's-semâvâti ve'l-ardı ve men fîhin-

ne ve leke'l-hamdü. Ente nuru's-semâvâti ve'l-ar-
dı ve men fîhinne ve leke'l-hamdü. Ente'l-hakku
ve va'düke'l-hakku ve likâüke hakkun ve kavlüke
hakkun ve'l-cennete hakkun ve'n-nâre hakkun
ve'n-nebiyyûne hakkun ve Muhammedün Resû-
lüllahi hakkun, ve's-saatü hakkun.

Allahümme leke eslemtü ve bike âmentü ve
aleyke tevekkeltü ve ileyke eteytü ve bike hâsem-
tü ve ileyke hâkemtü. Fağfirlî mâ kaddemtü ve mâ
ahhartü ve mâ esrartü ve mâ a'lentü. Ente'l-mu-
kaddimü ve ente'l-muahhıru. Lâ ilâhe illâ ente.
Velâ havle velâ kuvvete illâ billâh."

Bu ve bildiğimiz diğer duâlarla gece namazında
Rabbimize iltica eder, kusurlarımızın afvı, hatalarımı-
zın bağışlanması için ilticada bulunur, bağışlanma-
mızı dileriz.

Gece namazlarına kalktığında Efendimiz'in oku-
duğu duâ, elbette ki bundan ibaret değildir. Sahih ha-
dîs kitaplarında kaydedilen daha başka duâlar da
vardır. Biri de şudur:

İbn-i Abbas Hazretleri, Resûl-i Ekrem Efendi-
miz'in gece namazına kalktığında okuduğu duâyı
şöyle nakletmektedir:

اَللّٰهُمَّ إِنِّى أَسْئَلُكَ رَحْمَةً مِنْ عِنْدِكَ تَهْدِى بِهَا
قَلْبِى وَتَجْمَعُ بِهَا أَمْرِى وَتَلُمُّ بِهَا شَعْثِى وَتُصْلِحُ
بِهَا غَائِبِى وَتَرْفَعُ بِهَا شَاهِدِى وَتُزَكِّى بِهَا عَمَلِى
وَتُلْهِمُنِى بِهَا رُشْدِى وَتَرُدُّ بِهَا خَلْفَتِى
وَتَعْصِمُنِى بِهَا مِنْ كُلِّ سُوءٍ اَللّٰهُمَّ إِنِّى أَسْئَلُكَ
الْفَوْزَ فِي الْقَضَاءِ وَنُزُلَ الشُّهَدَاءِ وَعَيْشَ
السُّعَدَاءِ وَالنَّصْرَ عَلَى الْأَعْدَاءِ.

"Allahümme innî es'elüke rahmeten min indi-
ke tehdi bihâ kalbi ve tecmau bihâ emri ve telüm-
mü bihâ şa'sî ve tuslihu bihâ gâibî ve terfeu bihâ
şâhidî ve tüzekki bihâ amelî ve tülhimünî bihâ
rüşdî ve terüddü bihâ halfetî ve ta'sımunî bihâ
min külli sûin. Allahümme innî es'elüke'l-fevze
fi'l-kadâi ve nüzule'ş-şühedâi ve ayşe's-süadâi
ve'n-nâsra ale'l-a'dâi."

■ KÂFİRE DUÂ EDİLEBİLİR Mİ?

Bir kâfirin, bütün sıfatları da kâfir olmak lâzım gelmez. Belki kendi küfürde olduğu halde, bazı fiil ve hareketleri iman ehline yakışan güzellik ve iyilikte olabilir. İşte bu iman ehline mahsus hallerinden dolayı kâfire duâ etmek câiz olur. Ancak bu duâ, küfürde kalmasına değil, küfürden çıkıp imana kavuşmasına âit duâ olur. Hidâyete erişmesi için temennîde bulunulur.

Yoksa küfürdeki kâfirin hiç bir iyilik ve faydalılığı bize câzip gelmez, duâ ettirecek kadar değeri hâiz olmaz. Her şeyin başı imandır. İman olmadıktan sonra, hiç bir vasıf ve hizmet, âhiret değeri taşımaz. Bundan dolayı, bir takım hizmetlerini, buluş ve gayretlerini takdir ettiğimiz küfür ehline iman nasîp olması, hidâyete ermesi için duâ ederiz. Kendilerinde bulunan İslâmî sıfatlarının hatırı için duâmızın içine alabiliriz.

Nitekim cesaret ve itibarlılıklarından dolayı imana girmelerini istediği iki müşrike, Resûl-i Ekrem Efendimiz duâ etmiş:

— Yâ Rab, bu dini ya Ebû Cehil'le, ya da Ömer bin Hattab'la kuvvetlendir, diye yalvarmış. Efendimizin bu duâsı, Hazret-i Ömer hakkında tecelli eylemiştir. Kırkıncı Müslüman olarak Hz. Ömer, İslâm'a kuvvet verip, güç kazandırmıştır.

Uhud harbinde mübarek dişlerini kırıp, yüzünü kanatan Kureyş müşriklerine Resûlüllah'ın duâsı şöyle olmuçtur:

$$\text{اَللّٰهُمَّ اهْدِ قَوْمِى فَاِنَّهُمْ لَا يَعْلَمُونَ مَا يَفْعَلُونَ}$$

"Allah'ım, kavmime hidâyet eyle. Onlar ne yaptıklarını bilmiyorlar."

Resûlüllah'ın hidâyet dilediği kavmi o sırada mübarek yüzünü kanatmış, dişlerini kırmış, ashâbından bir çoğunu da şehid etmişti. Buna rağmen Hazret-i Resûlüllah, hidâyete ermelerini, yaptıklarını bilecek bir imanî ve İslâmî şuur kazanmalarını dilemiş, bedduâya asla iltifatta bulunmamıştır.

■ İSLÂM'A DÜŞMANLIK EDENİN ÖLÜM HABERİ DUYULUNCA NE DENİR?

Bilindiği üzere kâfir olarak ölene duâ edilmez, afvı için tevbe, istiğfarda bulunulmaz. Bulunulsa dahi faydası olmaz. Zira duânın te'sir etmesi için imanla ölmesi lâzımdır. İmansız ölene ne duâ edilir, ne de edilirse duânın bir faydası olur.

Ancak, İslâm'a düşmanlığıyla bilinen birinin ölüm haberi gelince Allah'a hamd ve şükürde bulunulur, bir İslâm düşmanını daha ortadan kaldırıp zararını yok ettiği için Rabb Teâlâ'ya duâ edilir.

Nitekim Ebû Cehil'in öldürüldüğünü İbn-i Mes'ûd Hazretleri, Efendimiz'e haber verdiğinde şöyle hamd ve şükrettiğini duymuştur:

اَلْحَمْدُ لِلّٰهِ الَّذِى نَصَرَ عَبْدَهُ وَاَعَزَّ دِينَهُ

"Elhamdülillâhillezî, nasara abdehû ve eazze dînehû."

"Kuluna yardım edip, dininizi aziz kılan Allah'a hamd olsun."

Zamanımızda İslâm'a düşmanlığıyla bilinen iman mahrumlarının da birer ikişer göçüp gittiklerini duyunca Allah'a biz de hamd ve şükürlerde bulunur, zararlı kimseleri cemiyetten kaldırıp attığı için, Rabbimize duâ ve niyazdan geri kalmayız.

■ ÖLÜM HABERİNİ DUYUNCA OKUNACAK DUÂ

Bir dost ve yakınımızın ölüm haberi gelebilir bir anda. Haber bize ulaşınca **"İnnâ lillâh ve innâ iley-**

hi râciun" diyeceğimiz gibi, ayrıca Resûl-i Ekrem Efendimiz'in okuduğu şu duâyı da okuyabiliriz.

اَللّهُمَّ اغْفِرْ لِى وَلَهُ وَعَاقِبْنِى مِنْهُ عُقْبَةً حَسَنَةً

"Allahümmeğfirli ve lehü ve âkıbnî minhü uk-beten haseneten."

"Allah'ım, beni ve onu atvet. Ondan sonra da bana güzel bir gelecek nasip eyle. Beni de hayırlı hâllerle al."

■ ÖLÜRKEN OKUNACAK DUÂ

Resûl-i Ekrem Efendimiz son nefeslerini verecekleri hastalıklarında duâlar okumuş, en son okudukları duâ da, bizlere kadar intikal etmiştir. Âişe validemiz, Resûlüllah'ın son ânlarında okudukları kısa, fakat öz mânâlı duâyı şöyle nakleder:

Hasta halinde iken, oturduğu yerde Resûlüllah şöyle duâ ediyordu:

اَللّهُمَّ اغْفِرْ لِى وَارْحَمْنِى وَالْحِقْنِى بِالرَّفِيقِ
الْاَعْلَى

"Allahümmeğfirlî ve verhamnî ve elhıknî bi'r-refîki'l-a'lâ."

"Allah'ım, beni mağfiret buyur. Bana rahmet et ve beni refik-i a'lâya ulaştır."

Nebiyy-i Ekrem Efendimiz'in bu son hastalığında yanına bir bardak su koymuşlardı. Mübarek elini bu suya daldırıyor, ıslak elini harâretli yüzüne sürerek de şöyle duâ ediyordu:

$$ اَللَّهُمَّ اَعِنِّى عَلَى غَمَرَاتِ الْمَوْتِ وَسَكَرَاتِهِ . $$

"Allahümme e'ınnî alâ gamarati'l-mevti ve sekeratihi."

"Allah'ım, ölümün şiddet ve baygınlığına karşı bana yardım et."

Ölüm halinde olan kimsenin yanında güzel mânâlı duâlar yüksek sesle okunur, işiteceği yükseklikte telâffuzda bulunulur. Ta ki işiten hasta da okumaya çalışsın, aynı güzel mânâlı sözleri son nefesinde o da tekrar edebilsin.

Resûl-i Ekrem Efendimiz hastalar için en güzel duâyı şöyle haber vermiştir:

— Kimin son sözü "Lâ ilâhe illâllah Muhammedün Resûlüllah" olursa, Cennet'e girer.

Son anlarını yaşadığı sanılan kimseye tevbe, istiğfar da gereklidir. İşlediği bütün günah ve kusurlarından dolayı pişmanlık duyup Allah'tan af dilemekten ibaret olan tevbe, istiğfarı bazan kendi mukaddes kelimeleriyle söyleyerek şu şekilde ifâde ederler:

أَسْتَغْفِرُ اللهَ الْعَظِيمَ الَّذِى لاَ إِلَهَ إِلاَّ هُوَ الْحَىُّ

الْقَيُّومُ وَأَتُوبُ إِلَيْهِ.

"Estağfirullâhe'l-azîm, ellezi, lâ ilâhe illâ hüve'l-hayyü'l-kayyûmü ve etûbü ileyhi."

■ MUKADDES YERLERDE ÖLMEK İÇİN OKUNACAK DUÂ

Allah için şehid olmayı, Resûlüllah'ın beldesinde ölmeyi arzulayan Hazret-i Ömer, hayatı boyunca bu mânâya gelen duâ okurdu. Hafsa validemizin rivâyet ettiği duâsı aynen şöyleydi:

اَللّهُمَّ ارْزُقْنِى الشَّهَادَةَ فِى سَبِيلِكَ وَاجْعَلْ مَوْتِى

فِى بَلَدِ رَسُولِكَ.

"Allahümme'r-zukni'ş-şehâdete fî sebîlike. Ve'c'al mevtî fî beledi Resûlike."

"Yâ Rab, senin yolunda şehid olmayı, Resûlünün beldesinde de ölmeyi bana nasip eyle."

Hafsa validemiz bunun nasıl olacağını sorduğunda Hazret-i Ömer'in cevabı şundan ibaretti: Rabbim isterse nasıl olsa olur.

■ ÖLMEK İÇİN DUÂ EDİLEBİLİR Mİ?

Hayat hep güllük güneşlik gitmiyor. Bazan belâ ve musîbet imtihanlarına tâbi tutuluyoruz. İşte böyle dar günlerde yer yükseliyor, gök alçalıyor, bir de bakıyoruz ki kendimiz bu iki büyük silindirin altında ezilmekteyiz. Sabrımız tükeniyor, gücümüz azalıyor, hattâ ölümü bile istediğimiz oluyor. Bu musîbet geçmez, bu belâ durmaz, bu imtihan bitmez vehmine kapılıyoruz.

Gerçek odur ki, bu imtihan da biter, belâ ve musîbet de sona erer, yine güllük güneşlik günler gelir, yeni huzur, yeni saâdet kapıları aralanır, geçmiş tümüyle unutulur, yeni gelecekler meşgul eder bizi.

Ne var ki, insanlar acûldür, bu da geçer yahu, deyip de sabrını, tâkatını bulunduğu ânın musîbetine karşı koymaya tahsis edemez.

Bunun içindir ki, geçici imtihanlara mâruz kalan insan, bundan ümitsizliğe kapılıp da ölümü isteyemez, ölüme gidecek bir tutumu tercih edemez. Ölmektense yaşamak hayırlıdır. Hayattan gitmektense kalmak kârlıdır.

Ancak, hayatın kendisi için hayırlı olmadığı kanaatına varıyor, sabrını, tahammülünü yitirmiş bulunuyorsa, duâsını şöyle tekrarlayabilir.

$$\text{اللّٰهُمَّ اَحْيِنِى مَا كَانَتِ الْحَيَاةُ خَيْرًا لِى وَتَوَفَّنِى}$$

$$\text{اِذَا كَانَتِ الْوَفَاةُ خَيْرًا لِى.}$$

"Allahümme ahyinî, mâ kâneti'l-hayâtü hayran lî. Ve teveffenî izâ kâneti'l-vefâtü hayran lî."

"Allah'ım, benim yaşamam hayırlı ise beni yaşat, ölmem hayırlı ise beni öldür; bu hâlden kurtar."

Kendini böyle bir teslimiyetin içine atan mü'min, hakkında hayırlı olana kavuşur, İlâhî hikmet ve takdirin gereği ne ise ona muhatap olur. Böylece huzur bulur, sükûnete erer.

■ TÂZİYE DUÂSI

Konu komşuya günün birinde ecel de uğrar, beklenmedik anlarda ölüm vâki olabilir. Böyle tahammülü güç ölümlerden sonra komşuya gidip tâziyede bulunmak müstehabtır. Üç gün içinde yapılması gereken tâziyede esas olan, musîbetzedenin üzüntüsüne ortak olup, ızdırap yükünü azaltmak, tesellî edip, ferahlatıcı şeyler söylemektir.

Bunun için tâziyeye gelenler ölenin yakınlarına:

— **Allah size sabr-ı cemil ihsan eylesin, hepimizin gideceği yer aynı yerdir. Bugün birimize, yarın da bir başkamıza gelecektir. Boşuna üzüntü duyuyoruz...** gibi sözlerle cenazenin yakınları teselli edilir. Onlar da:

— **İnnâ lillâh ve innâ ileyhi râciûn...** diyerek Allah'a teslimiyetten başka bir çarenin bulunmadığını ifâde ederler. Allah'a ilticada bulunurlar.

Teselli için gelenler, sabreden musîbetzedenin kazandığı sevabın benzerini kazanırlar. Din kardeşlerinin üzüntü ve sıkıntısına ortak olup yükünü hafifletmek gibi güzel bir niyetle gelmiş olmaları, onları aynı sevaba lâyık kılar.

■ NEFİSTEN ALLAH'A SIĞINMA DUÂSI

Bilindiği üzere bütün kötülüklerin menşei ve mahzeni insanın kendi öz nefsidir. Her ne günah ve kusur vukubulursa bilinmeli ki, nefsin bir oyunu, bir hiylesi, bir aldatmasıyla vâki olmuştur.

Bunu böyle bilen insan, kendi âleminde nefsin hiyle ve desiselerine karşı ciddî bir iltica mekanizması kurmalı, her kızgınlık ve günah ânında nefsin faaliyete geçtiğini, yine bir günah ve kusur işleteceğini hatırlamalı, hemen nefsin şerrinden Allah'a sığınma duâsını tekrara başlamalıdır.

Peygamberimiz bizim her mevzuda örneğimiz, rehberimizdir. Onda bile bu hususun te'yid ve te'kidini görmekteyiz. Bize örnek olarak yaptığı nefisten sığınma duâsı şöyledir:

اَللّٰهُمَّ لَا تَتْرُكْنِى إِلَى نَفْسِى طَرْفَةَ عَيْنٍ

"Allahümme lâ tetrüknî ilâ nefsî, tarfete aynin."

"Allah'ım, göz açıp yumuncaya kadar beni nefsimin isteğine terketme."

Evet, her türlü günah ve kusurlardan âzâde olan

Resûlüllah'ın nefis hakkındaki duâsı böyledir.

Yûsuf Aleyhisselâm'ın duâsı da bundan başka değildir. Onu bir günahla ittiham ettikleri zaman verdiği cevab şöyle olmuştur:

— **Ben nefsimi böyle hâllerden âzâde sayıp temiz tutmuyorum.** Nefis böyle şeyleri ister ve fırsat bulursa hemen yapar. Ancak Rabbim, beni korudu. Nefsimin böyle bir günahı işletmesine imkân vermedi.

■ ÇOK SIK TEKRARLAYACAĞIMIZ BİR DUÂ

Hayatımız fitnelerle doludur. Hattâ ölümümüz ânında bile fitneler bahismevzudur. Şeytanın son nefeste gelip imanımızı istemesi de bu fitneden biridir. Bizler hem hayatımızda, hem de ölüm ânımızda fitneden Allah'a sığınmalı, bu gibi dünya ve âhiret saâdetinden mahrum edici felâketlerden uzak kalmayı Rabbimizden dilemeliyiz.

İşte bunun için, şu duâyı mâneviyat büyükleri çok sık tekrar etmişler, hem hayatta, hem de ölüm ânında fitneden uzak kılmasını Rabbimizden niyaz etmişlerdir. Duâ kısaca şudur:

اَللّهُمَّ اَعُوذُ بِكَ مِنْ فِتْنَةِ الْمَحْيَا وَالْمَمَاتِ

"Allahümme eûzü bike min fitneti'l-mahyâ, ve'l-memât."

"Allah'ım, hayatın ve ölümün fitnesinden sana sığınırım. İster yaşarken olsun, isterse ölürken, beni imanî ve İslâmî ölçülerde dâimî ve sabit kıl, bunlardan ayıracak kötü tutum ve fitnelerden muhafaza eyle."

Fitnenin bir adı da İslâm dışı fiil ve harekettir. Halbuki bizler İslâmî hayatı yaşamak üzere gelmişiz, hayatımızı bu mânâda geçirmeyi esas almışız. İslâm'a uymayan tutum ve tavırlardan Allah'a sığınır, Rabbimizden bizi İslâmî ölçülerde sabit kılmasını dileriz. İşte bu dileğimizi de bu kısacak dua ile ifâde etmiş oluruz.

■ NÛR DUÂSI

Resûl–i Ekrem Efendimiz'in yaptığı güzel ve geniş mânâlı duâlardan biri de Nûr Duâsı'dır. Hadîs kitaplarının bir çoğunda, özellikle Buhârî'de kaydedilmiş olan Nûr Duâsı'nı Fahr-i Kâinat Efendimiz şöyle yapmıştır:

اَللّٰهُمَّ اجْعَلْ فِى قَلْبِى نُوراً وَفِى سَمْعِى نُوراً

وَفِى بَصَرِى نُوراً وَعَنْ يَمِينِى نُوراً وَعَنْ شِمَالِى

نُوراً وَاَمَامِى نُوراً وَخَلْفِى نُوراً وَفَوْقِى نُوراً

وَتَحْتِى نُوراً وَاجْعَلْ لِى نُوراً وَلَحْمِى وَدَمِى

وَعَصَبِى وَشَعْرِى وَبَشَرِى وَعِظَامِى نُوراً وَاجْعَلْ

لِى نُوراً.

"Allahümme'c'al fî kalbî nûran ve fî sem'î nû-
ran ve fî basarî nûran ve an yemînî nûran ve an
şimalî nûran ve emâmî nûran ve halfî nûran ve
fevkî nûran ve tahtî nûran. Ve'c'al li nûran ve lah-
mî nûran ve demî ve asabî ve şa'rî ve beşerî ve
ızâmî nûran. Ve'c'al lî nûran."

"Allah'ım, benim kalbimi, nûr eyle. Kulağımı nûr
eyle. Gözümü nûr eyle. Sağımı nûr eyle. Solumu nûr
eyle. Arkamı nûr eyle. Üstümü nûr eyle. Altımı nûr
eyle. Beni nûr eyle. Etimi, kanımı, sinirimi, saçımı,
derimi, kemiğimi nûr eyle. Beni bütünüyle nûr eyle,
yâ Rab."

■ ELLİ İKİNCİ GECE DUÂSI

Elli ikinci geceye mahsus zan edilen, ama her gecede okunabileceği kesin olan duâ şudur:

اَللّٰهُمَّ اِنّى اَسْئَلُكَ بِحَقِّ حَقِّكَ وَبِحَقِّ كِبْرِيَائِكَ وَبِحَقِّ جَمَالِكَ وَجَلَالِكَ وَبِحَقِّ جُودِكَ وَفَضْلِكَ وَكَرَمِكَ يَا قَدِيمَ الْإِحْسَانِ يَا صَادِقَ الْوَعْدِ الْأَمِينِ لَا اِلَهَ اِلَّا اَنْتَ سُبْحَانَكَ اِنّى كُنْتُ مِنَ الظَّالِمِينَ اَللّٰهُمَّ اَجِبْ دَعْوَتِى بِحُرْمَةِ اسْمِكَ الْأَعْظَمِ وَبِحُرْمَةِ مُحَمَّدٍ صَلَّى اللّٰهُ تَعَالَى عَلَيْهِ وَسَلَّمَ وَعَلَى آلِهِ وَصَحْبِهِ اَجْمَعِينَ لَا حَوْلَ وَلَا قُوَّةَ اِلَّا بِاللّٰهِ الْعَلِيِّ الْعَظِيمِ

"Allahümme es'elüke bi-hakkı hakkıke ve bi-hakkı kibriyâike ve bi-hakkı cemâlike ve celâlike ve bi-hakkı cûdike ve fazlike ve keremike yâ kadîme'l-ihsân, yâ sâdika'l-vâ'di'l-emîn. Lâ ilâhe illâ ente, sübhâneke, innî küntü minezzâlimîn. Allahümme ecib da'vetî, bi-hürmeti ismike'l-a'zam. Ve bi-hürmeti Muhammedin Sallâllahü aleyhi ve sellem ve alâ âlihi ve sahbihi ecmaîn. Velhamdü lillâhi Rabbi'l-âlemîn. Lâ havle velâ kuvvete illâ billâhi'l-aliyyi'l-azîm.

Bu duâyı bilemeyenler yahut buna daha başka duâ ilave ederek isteyenler şu duâyı da okuyabilirler. Bunun da elli ikinci gece duâsı diye okunduğu bilinmektedir. Makbûl ve kudsî bir salâvat-ı şerîfe makamında me'sûr duâlardandır.

اَللّٰهُمَّ صَلِّ عَلٰى مُحَمَّدٍ مَا دَامَتِ السَّمٰوَاتِ

اَللّٰهُمَّ صَلِّ عَلٰى مُحَمَّدٍ مَا دَامَتِ الْبَرَكَاتُ

اَللّٰهُمَّ صَلِّ عَلٰى مُحَمَّدٍ مَا دَامَتِ الرَّحْمَةُ وَصَلِّ

عَلٰى رُوحِ مُحَمَّدٍ فِى الْاَرْوَاحِ وَصَلِّ عَلٰى

سَيِّدِنَا مُحَمَّدٍ وَصَلِّ عَلَى جَمِيعِ الْأَنْبِيَاء
وَالْمُرْسَلِينَ وَالْحَمْدُ لِلّٰهِ رَبِّ الْعَالَمِينَ.

"Allahümme salli alâ Muhammedin, mâ dâmeti's-semâvât. Allahümme salli alâ Muhammedin mâ dâmeti'l-berekât. Allahümme salli alâ Muhammedin mâ dâmeti'r-rahmetü. Ve salli, alâ rûhi Muhammedin fi'l-ervah. Ve salli alâ seyyidinâ Muhammedin ve salli alâ cemî'i'l-enbiyâi ve'l-mürselîn. Velhamdülillâhi Rabbi'l-âlemîn.

Unutulmaması lâzım gelen gerçek şu ki, ölmüşlerimiz, susuzluktan dili damağı kurumuş bir hastanın su beklediği gibi sevap hediyesi beklemektedir. Bu hastaya su ne kadar acele ile yetiştirilirse makbûl olacağı gibi, ölüye de ne kadar acele sevap yetiştirilirse o kadar makbûl ve makûl olacaktır. Üçüncü, yedinci, kırkıncı ve elli ikinci gece diye belli geceleri beklemek, o zamana kadar çektiği sıkıntı ve azaba alâkasız kalmak demektir. Öyle ise bulunan ilk fırsatta okunacak okunmalı, sevap kazanılıp merhuma bağışlanmalıdır.

Her namaz arkasından belli duâları okumalı, her pazartesi, yahut perşembe gün ve geceleri, fakir fukaraya sadaka vermeyi, yâsin okumayı âdet edinmeliyiz. Ta ki, bizi dünyada bırakanlar, bizimle kabirde iftihar etsinler, gönderdiğimiz sevaplarla bizden memnun olup, helâllık versinler.

■ ŞİFA NİYETİYLE OKUNAN DUÂLAR

Hastalık maddî olur, mânevi olur.

Maddî hastalık için nasıl maddî tedbir alınarak doktora gidilecek, teşhis koyulup gereken yapılacaksa, mânevî ve ruhî hastalıklar için de aynı şekilde ruhî tedbirler alınacak, moral veren okumalara başvurulacaktır. Zaten maddî tedbirlerin sonunda da yine mânevî tedbire ihtiyaç kesindir. İlâçları tatbik edip, gereken yapıldıktan sonra yine şifa Allah'dan dilenir, iyilik vermesi niyazında bulunulur.

Demek ki, tedbiri alınan her hastalık için şifa âyetleri okunabilir. Şifa duâları yapılır, ilâçların te'sirini halketmesi, Yaradan'dan niyaz olunur.

Şu yedi âyet şifa niyetiyle hastaya okunursa Allah'ın izniyle sıkıntı hafifler, ilâçlar müessiriyetini yükseltir, belki de tümüyle kesin şifa gelir. Bu cihet artık okuyanın, okutulanın iman ve ihlâsıyla ilgili husus...

Kullar buraya giremez, ihlâsın kuvvetini bilemez. Hâlık ile mahlûk arasında bir sırlı keyfiyettir, iman ve ihlâs.

يَآ أَيُّهَا النَّاسُ قَدْ جَآءَتْكُمْ مَوْعِظَةٌ مِنْ رَبِّكُمْ وَشِفَآءٌ لِمَا فِى الصُّدُورِ

وَيَشْفِ صُدُورَ قَوْمٍ مُؤْمِنِينَ

يَخْرُجُ مِنْ بُطُونِهَا شَرَابٌ مُخْتَلِفٌ أَلْوَانُهُ فِيهِ شِفَآءٌ لِلنَّاسِ

وَنُنَزِّلُ مِنَ الْقُرْآنِ مَا هُوَ شِفَآءٌ وَرَحْمَةٌ لِلْمُؤْمِنِينَ

وَإِذَا مَرِضْتُ فَهُوَ يَشْفِينِ

قُلْ هُوَ لِلَّذِينَ آمَنُوا هُدًى وَشِفَآءٌ

Bu âyetlere bilinen diğer âyetler de ilâve edilecek olursa inşaallah hasta için sıhhat ve âfiyetlere vesile olur. Nitekim Fâtiha ve İhlâs sûrelerinin çok şifalı olacağı, hadîslerde de zikredilmiştir.

■ HASTAYA OKUNACAK DUÂLAR

Hasta ziyaretlerinde Resûl-i Ekrem Efendimiz'in okuduğu duâları hadîs kitapları kaydetmiştir. Buna göre şu duâlar Peygamberimiz'in hastalara okuduğu duâlardır:

أَسْئَلُ اللهَ الْعَظِيمَ رَبَّ الْعَرْشِ الْعَظِيمِ أَنْ يَشْفِيَكَ

"Es'elü'llâhe'l-azîm. Rabbe'l-arşi'l-azîm en yeşfiyeke."

"Arş-ı azîmin Rabbi olan Allahü Azîmüşşan'dan sana şifalar ihsan etmesini dilerim."

Âile fertlerinden birinin hastalanması halinde Efendimiz mübarek elini hastanın alnına koyar, şöyle duâ ettiği de olurdu:

اَللّٰهُمَّ رَبَّنَا اَذْهِبِ الْبَأْسَ اِشْفِ اَنْتَ الشَّافِي لَا

شِفَاءَ إِلاَّ شِفَاؤُكَ شِفَاءً لَا يُغَادِرُ سُقْماً

"Allahümme Rabbenâ. Ezhibi'l-be'se, işfi, en-te'ş-şâfi. Lâ şifâen illâ şifâüke, şifâen lâ yuğâdiru sekamen."

"Allah'ım, sen bütün insanların Rabbi'sin. Bu hastanın ızdırabını gider. Şifa ver. Şifayı veren sen-sin. Senden başka şifa yaratan yoktur. Ancak senin şifan vardır. Bu kuluna da hastalıktan eser bırakma-yacak şekilde şifalar ihsan eyle."

Bilinen başka duâlar da okunur, Allah'dan şifalar niyaz edilir. Ancak, duâlar asla hastanın doktora git-mesine mani teşkil etmez, etmemelidir de. Zaten duâ iki türlüdür: Fiilî duâ, kavlî duâ. Doktora gitmek fiilî duâ. Şifalı âyet ve duâları okumak da kavlî duâdır. Duâyı teke indirmek tedbiri yarım almak demektir. Yarım tedbirle yarım doktoru da biliyorsunuz zaten...

■ BİR BELÂ VE SIKINTIYA DÜŞÜNCE OKUNACAK DUÂ

İnsanlar sıhhatli ve huzurlu günlerinde Allah'a hamd ve senâ etmeli, böyle günlerin değer ve kıyme-tini hatırdan çıkarmamalıdırlar. Hattâ bir belâ ve mu-sîbet imtihanına mâruz kalan birini görüp, yahut duyunca da aynı hamd ve şükür duyguları içine girmeli, benzeri belâ ve musîbete kendini mâruz bırakmayan Allah'a duâ edip, niyazda bulunmalıdır. Resûl-i Ekrem Efendimiz'in bu husustaki ikâzı şöyledir. Tirmizî'de geçen Ebû Hureyre hadîsinde buyuruyor ki:

$$ \text{اَلْحَمْدُ لِلّٰهِ الَّذِى عَافَانِى مِمَّا ابْتَلَاكَ بِهِ وَفَضَّلَنِى} $$

$$ \text{كَثِيرًا مِمَّنْ خَلَقَ تَفْضِيلًا.} $$

"Elhamdülillâhillezi âfânî mimme'btelâke bihi. Ve faddalenî kesiren mimmen halâka tafdîlen."

"Seni mübtelâ kıldığı sıkıntıdan beni koruyan, iyilik ve âfiyet ihsan eden, fazilet ve nimette beni çok kimselerden üstün kılan Allah'a hamd olsun."

Bu duâyı okuyan, yahut bu mânâda bir duygu ve teşekkür anlayışı içinde bulunan adamı Cenâb-ı Hak korur, aynı belâ ve musibete mâruz bırakmaz.

■ MUSİBETİN İLK ÇARPTIĞI ANDA OKUNACAK DUÂ

Ölen yavrusunun ızdırabını bir türlü dindiremeyen ana, mezarın başına oturmuş, feryad ü figan edip duruyordu. Oradan geçmekte olan Resûlüllah Hazretleri, kadını teselli etmek istedi, her şeyin Allah'dan geldiğini, sabretmenin icabettiğini, bu kadar feryad ü figanın fazla olduğunu ifâde buyurdu. Başını dahi kaldırmayan kadın, çıkıştı:

— **Sana ne benim hâlimden? Bırak beni kendi hâlime!**

Şefkat ve merhamet madeni Resûlüllah, kadıncağıza bir şey söylemeden ayrılıp gitti. Sonradan teessür içinde gelen kadın:

— **Yâ Resûlâllah, zâtınızı tanımadım, beni afvedin. Yavrumun üzüntüsü benim sabrını yok etti**, dedi.

Ancak Resûlüllah, özrü fazla muteber saymayarak şöyle buyurdu:

— **Sabır, musîbetin ilk çarptığı anda lâzımdır. O anda gösterilemeyen sabrın sonra gösterilmesi, istenen sabırdan değildir.**

Evet, mü'minler çarpan musîbet ve belânın ilk ânında soğukkanlı olmalı, her şeyin Allah'dan geldiğini, bunda da bir hikmet bulunduğunu düşünmeli, çevresine karşı kendini iyice yıkılmış göstermemelidir.

Böyle anlarda okunacak ilk duâyı çok hatırlamalılar. Bu duâyı Efendimiz şu âyetle ifâde buyurmuştur:

$$وَبَشِّرِ الصَّابِرِينَ * الَّذِينَ إِذَآ أَصَابَتْهُمْ مُصِيبَةٌ$$

$$قَالُوا إِنَّا لِلّهِ وَإِنَّا إِلَيْهِ رَاجِعُونَ *$$

"Sabredenlere müjdele!

O sabırlı ve tahammüllü olanlara bir musîbet ve belâ geldiğinde (paniğe kapılmazlar da derler ki) zaten bizler Allah'a teslim olmuş insanlarız. O'ndan geldik, yine O'na gideceğiz."

Âyetin devamında böyle bir teslimiyet ve tevekkül içinde belâ ve musîbeti karşılayanlar medhedilmekte, Allah'ın rahmet ve mağfiretinin bu sabırlıların üzerine olduğuna işâret olunmaktadır. Öyle ise bizler de sıkıntı ve belânın geldiği ilk anda hemen aynı âyeti okuyarak:

$$إِنَّا لِلّهِ وَإِنَّا إِلَيْهِ رَاجِعُونَ$$

"İnna lillâhi ve innâ ileyhi râci'ûn.." demeli, sabır ve itidalimizi o anda göstermeli, soğukkanlılığımızı ilk anda bozmamalıyız. Zira hayatta ne gelirse gelsin Allah'ın izniyle gelmekte, bir hikmet tahtında cereyan etmektedir. Ve bu gelen şey de mutlaka fânidir, geçicidir. Bugün var, ama yarın yoktur. Kısa bir müddet sonra devir değişir, şartlar başkalaşır, bu hâl gider, yeni hâl gelir. O da gider, daha yenisi gelir. Bu da geçer yâhu, deyip geçmesini bilmeyenler, sebepsiz yere kendilerini yıpratırlar, üzülüp kederlere boğulurlar. Cabredenler, Allah'a teslim olanlardır ki, hâdiselerin dalgaları arasında yüzmesini becerir, selâmet sahiline ulaşmaya muvaffak olurlar. Yâni biraz mütevekkil olmaya ihtiyaç vardır.

■ YALNIZLAŞTIĞIMIZDA OKUNACAK DUÂ

İnsan her zaman şen ve şakrak bir çevre içinde olamıyor. Bazan çevresinden mahrum da kalıyor, yalnızlık ve kimsesizlik içinde sıkıldığı da oluyor. Böyle yalnızlık anlarında ve gariplik hâllerinde yegâne ülfet ve ünsiyet yerimiz, gönlümüz, kalbimiz olur. Çevremizde varlığına inandığımız ruhânîler, ülfet ve ünsiyetimizi te'min eder.

Kâinatı ve âlemi tefekküre dalan bu yalnız kimse, şu duâyı okur, yalnızlığını gidermeye gayret eder, huzur ve ünsiyetini böyle te'sis eder:

$$\text{سُبْحَانَ الْمَلِكِ الْقُدُّوسِ رَبِّ الْمَلَئِكَةِ وَالرُّوحِ}$$

$$\text{جَلَّلْتَ السَّمَوَاتِ وَالْأَرْضِ بِالْعِزَّةِ وَالْجَبَرُوتِ .}$$

"Sübhâne'l-meliki'l-Kuddûsi Rabbi'l-melâi-keti ve'r-rûh. Cellelte's-semâvâti ve'l-arda, bi'l-iz-zeti ve'l-ceberût."

Yalnızlıktan şikâyet için gelen adama Resûlül-lah'ın tavsiye buyurduğu bu duânın mânâsı da şöy-ledir:

"Tesbih ederim Melik-i Kuddûs'ü. O, Rabbıdır melâike ve rûhun. Sen, semâvât ve arzı izzet ve ceberûtunla celâllandırdın ey Rabb-i Rahîm'im."

■ VESVESEYİ KOVMA DUÂSI

Şeytan bazan insanın aklına kötü şeyler getirir, dînen mahzurlu düşünce ve fikirler telkin eder. Has-sas insan, bu vesvese ve tasavvurlardan korkar, mâ-nen bozulduğu vehmine kapılır, boşu boşuna endişe-ye düşer.

Halbuki, kötü şeyleri tasavvur etmek, kötülüğü işlemek değildir. Küfürlü sözlerin hatıra gelmesi, küfrü tercih etmek sayılmaz.

Niteklm aynada yılanın aksinin ısırmadığı, necis olan şeyin aksettiği şeyi pis edemediği gibi. Kalb ve hayâlimize böyle zararlı ve pis şeylerin aksetmesi, asla kalbimizi bozamaz, kirletip de bizi o hayâlin, o bâtıl fikrin mes'ul sahibi yapamaz.

Bununla beraber aklımıza, hayâlimize böyle bâtıl ve kötü şeyler gelince, hemen Allah'a sığınır, Rabbimize iltica ederiz. Böylece kendi ihtiyârımızla olmayan şeyin günahından kurtulup, mes'uliyetinden uzak kalmış oluruz.

Arâf sûresinin (200)'üncü âyetinde Rabbimiz bize bu yolda ikâzda bulunmaktadır:

$$وَإِمَّا يَنْزَغَنَّكَ مِنَ الشَّيْطَانِ نَزْغٌ فَاسْتَعِذْ بِاللّٰهِ إِنَّهُ$$
$$هُوَ السَّمِيعُ الْعَلِيمُ$$

"Eğer şeytandan bir vesvese ve fit gelirse, hemen Allah'a sığın, O'na iltica et. Muhakkak Allah (senin bu hâlini) görür, işitir, bilir. (Afveder)."

Kalbine ve hayâline gelen kötü şeylerden senin tevbe, istiğfar edip Allah'a sığındığından da anlaşılır ki, sen bu kötü ve bâtıl şeyleri isteyerek hatırlamıyor, tasavvur etmiyorsun. İstesen bundan üzülmez; tevbe, istiğfar edip de Allah'a iltica etmezdin. Öyle ise istemediğin şeyden mes'ul olmazsın.

Buhâri'deki Ebû Hüreyre hadîsinden öğrendiğimize göre Resûl-i Ekrem Efendimiz şöyle buyurmaktadır:

— **Sizden birinize şeytan gelir, şunu kim yarattı, bunu kim yarattı, diye vesvese ile sorar. Bu hususta o kadar ileri gider ki, en sonunda Allah'ı kim yarattı? diye hatıra getirir. Siz böyle bir vesveseye mâruz kalınca hemen silkinin ve: "Eûzü billâhi mine'ş-şeytâni'r-racîm," deyin. Yâni, ben kovulmuş şeytanın şerrinden Allah'a sığınırım, deyip geçin. Üzerinde durmayın.**

Peygamberimizin diğer hadîsinde de:

— **Kimin kalbine böyle bir kötülük gelirse, üç defa: "Ben Allah'a ve Peygamberlerine inandım," desin; fazla meşgul olmasın,** buyrulmuştur.

Hakikat odur ki, insanı böyle kötü vesveseler bozamaz, ama bunu, bozulmanın bir işâreti sayıp da üzerinde duran insan, hayâlinde vesveseyi genişletir meşgul olursa, işte bozulma ve kötülük bu ümitsizlik ve yeisten meydana gelir, bu zandan hâsıl olabilir.

Bu bakımdan, vesvese üzerinde durulmamalı, zihni meşgul edecek boyutlarda kabûl edilmemeli, vazgeçip unutmaya çalışılmalıdır.

■ BİR TEHLİKEYE MÂRUZ KALINDIĞI ANDA OKUNACAK DUÂ

Bazan beklenmedik bir durumla karşılaşan insan, âniden şok geçirir, şiddetli korku duyar. Böyle anlarda okunacak bir duâ, bu şoku hafif atlatmaya sebeb olacağı gibi, tehlikeyi de bertaraf etmeye vesile teşkil edebilir.

Nitekim Resûl-i Ekrem Efendimiz, Hazret-i Ali'ye şöyle buyurmuşlardır:

— Yâ Ali, sana bazı kelimeler öğreteyim ki, bir felâkete mâruz kalınca hemen onları okuyasın.

Hazret-i Ali, dikkat kesilerek Efendimiz'i dinlemeye başlar. Efendimiz, kendi kısa, mânâsı uzun duâyı şöyle okur:

بِسْمِ اللهِ الرَّحْمٰنِ الرَّحِيمِ لا حَوْلَ وَلا قُوَّةَ إلاَّ
بِاللهِ الْعَلِى الْعَظِيمِ .

"Bismillâhirrahmânirrahîm. Lâ havle velâ kuvvete illâ billâhi'l-aliyyi'l-azîm."

■ KAN ALDIRIRKEN OKUNACAK DUÂ

Bilindiği üzere kan aldırmak, hem şahsı, hem de kan verdiği din kardeşi için faydalı bir sünnettir. Resûl-i Ekrem Efendimiz hacamat adıyla zikredilen kan aldırma tatbikatını bizzat icrâ etmiş, bir takım hastalıkları hacamat yoluyla gidermeyi uygun görmüştür.

Kan verirken okunacak duâyı, İmam-ı Nevevî Ezkâr'ında şöyle zikretmiştir:

— **Resûlüllah Aleyhisselâm kan verirken Âyete'l-Kürsî'yi okurdu.**

Demek ki, kan verecek kimse bu ameliyenin evvelinde ve ameliye sırasında (Bakara) sûresinin (255)'inci âyetini teşkil eden:

اَللّٰهُ لَا اِلٰهَ اِلَّا هُوَ الْحَىُّ الْقَيُّومُ لَا تَأْخُذُهُ سِنَةٌ وَلَا

نَوْمٌ لَهُ مَا فِي السَّمٰوَاتِ وَمَا فِي الْأَرْضِ مَنْ ذَا

الَّذِى يَشْفَعُ عِنْدَهُ اِلَّا بِاِذْنِهِ يَعْلَمُ مَا بَيْنَ اَيْدِيهِمْ

وَمَا خَلْفَهُمْ وَلَا يُحِيطُونَ بِشَيْءٍ مِنْ عِلْمِهِ اِلَّا

بِمَا شَاءَ وَسِعَ كُرْسِيُّهُ السَّمٰوَاتِ وَالْأَرْضَ وَلَا

يَؤُدُهُ حِفْظُهُمَا وَهُوَ الْعَلِيُّ الْعَظِيمُ.

"Allahü lâ ilâhe illâ hüve'l-hayyü'l-kayyûm, lâ
te'huzühü sinetün ve lâ nevm. Lehû mâ fi's-se-
mâvâti ve mâ fi'l-ardı, men zellezî yeşfeu indehu
illâ bi-izhini. Ya'lemü mâ beyne eydîhim ve mâ
halfehüm ve lâ yuhîtûne bi-şey'in min ilmihî illâ
bimâ şâe. Vesia kürsiyyühü's-semâvâti ve'l-arda
ve lâ yeûdühû hıfzuhümâ ve hüve'l-aliyyü'l-azîm"
âyetini okursa, sünnete en uygun olanı okumuş olur,
kan verme işi de hakkında daha hayırlı netice verir.

■ YARA TEDAVİ EDERKEN
OKUNACAK DUÂ

Peygamberimiz bir yara, bere görünce, önce onun maddî tedavisini araştırır, ilâcını bulur, tatbik ederdi. Ancak bu maddî ilâçlamayı hiç bir zaman tedavinin tümü saymazdı. Yine de ilâçlama sırasında duâlar okur, ilâcın te'sirini halketmesini Rabbimizden niyaz ederdi.

Nitekim Âişe validemizin eli üzerinde bir sivilce çıkmıştı. Bundan rahatsızlık duyan validemiz ne yapacağını düşünürken Resûl-i Ekrem Efendimiz girdiler. Sivilceyi görünce şöyle buyurdular:

— Yâ Âişe, hanut (otu) var mıdır,

— Vardır, yâ Resûlâllah!

— Öyle ise getir bakayım.

Validemiz, istediğini getirip Efendimize verdi. Otun bir parçasını sivilcenin üzerine koyan Efendimiz, yaranın ilâçlanmasını maddî şekilde yaparken de:

اَللّٰهُمَّ مُصَغِّرَ الْكَبِيرِ وَمُكَبِّرَ الصَّغِيرِ صَغِّرْ مَا بِى .

— "Allahümme musağğıra'l-kebîr. Ve mükeb-

bire's-sağîr. Sağğir mâ bî," duâsını oku yâ **Âişe, buyurdu.**

Âişe validemiz de Cenâb-ı Hakk'a şöyle yalvardı:

— Ey küçüğü büyüten, büyüğü de küçülten Allahım! Bendeki bu rahatsızlığı da küçült, yok et! Böylece yara hem ilâçlanıyor, hem de duâ ile ilticada bulunuluyordu.

■ PEYGAMBERİMİZ'İN ÇOK SIK OKUDUĞU DUÂ

Peygamberimiz'in aziz zevcesi Ümmü Seleme validemize sordular:

— **Ey mü'minlerin annesi, Resûlüllah en çok hangi duâyı okurdu?**

Şöyle cevap verdi Ümmü Seleme validemiz:

— Resûlüllah en çok:

$$ يَا مُقَلِّبَ الْقُلُوبِ ثَبِّتْ قَلْبِى عَلَى دِينِكَ $$

— **"Yâ mukallibe'l-kulûb, sebbit kalbî alâ dînike"** diye duâ ederdi, dedi. Yâni:

"Ey kalbleri değiştiren, benim kalbimi senin dininde sabit kıl, değişmeye mâruz bırakma." demektir.

■ KELİMESİ AZ, MÂNÂSI ÇOK DUÂ

Bazı kelimelerin kendisi kısa, ama ihtiva ettiği mânâ uzundur. Böyle olduğu Peygamberimiz'in duâlarıyla da sabittir. Bunlardan biri de şu iki kelimedir:

سُبْحَانَ اللهِ وَبِحَمْدِهِ سُبْحَانَ اللهِ الْعَظِيمِ.

"Sübhânallâhi ve bi-hamdihî, sübhânallâhi'l-azîm."

Nitekim Resûl-i Ekrem Efendimiz, Ebû Hüreyre Hazretleri'ne şöyle buyurmuştur:

— İki kelime vardır ki, Rahmân ve Rahîm olan Allah'a çok sevgilidir. Dilde hafif, mahşerdeki terazide ağır olan bu iki kelime şudur:

— Sübhânallâhi ve bi-hamdihî, sübhânallâhi'l-azîm. **Bunu her fırsatta söylemeyi âdet edinen kimsenin küçük günahları deniz köpükleri kadar da olsa inşâallah afva uğrar.**

Efendimiz, kendi az, ama mânâsı çok olan

duâlardan biri olarak şunları da tavsiye buyurmakta-
dır.

— Sübhânallâhi ve bi-hamdihî adede halkıhî
ve rızâe nefsihî ve zinete arşihî ve midâde kelimâ-
tihî.

■ AYNAYA BAKINCA OKUNACAK DUÂ

İstisnasız her insan güzeldir. Allah çirkin insan
yaratmamıştır. Güzelliği sadece vücut hatlarına, deri
insicâmına bağlayanlar yanılmaktadır. Burun yerinde
olmasa, göz tepede bulunsa, kulak arkaya kaymış
olsa çirkinlik söz konusu olabilir.

Bunun içindir ki aynaya bakan her insan bu âza-
larını yerli yerinde yaratan Rabbına hamd ve şükre-
der, memnuniyetini dile getirerek şu duâyı okur:

اَلْحَمْدُ لِلّٰهِ الَّذِى سَوَّى خَلْقِى فَعَدَلَهُ وَكَرَّمَ

صُورَتِى وَوَجْهِى فَحَسَّنَهُ وَجَعَلَنِى مِنْ

الْمُسْلِمِينَ

"Elhamdülillâhillezî sevvâ halkî, fe-adelehû

**ve kerreme sûreti ve vechî fe-hassenehu ve ca-
elenî mine'l-müslimîn."**

"Yaratılışımı düzeltip şekil veren, yüzümün şekli-
ni yerli yerinde ve güzel yapan ve beni Müslümanlar-
dan biri olarak yaratan Allah'a hamd olsun. Bu âza-
larım tersine de olabilirdi. Ben hiç bir hak iddiasında
da olamazdım.

■ GIYBETİN AFVI İÇİN DUÂ

Peygamberimiz, gıybeti ateşe benzetmiştir. Ateş
odunu nasıl yok ederse, gıybet ateşi de öyle sevabı
yok eder.

Onun için kimseyi arkasından çekiştirmemeli,
gıybetini edip de sevabını mahvettirmemelidir.

Ancak, gıybetin böyle kötü neticesi bilinmesine
rağmen, insan boş bulunur da birinin gıybetini eder,
aleyhinde konuşursa yapılacak iş, gıybetini ettiği
kimsenin afvı için duâ etmek, sonra da bir fırsatını
bulunca ondan helâllık dilemektir. Gıybeti yapan, ya-
hut yapanı dinleyen hemen şöyle demelidir:

$$ اَللّٰهُمَّ اغْفِرْ لَنَا وَلِمَنِ اغْتَبْنَاهُ $$

"Allahümmağfir lenâ ve limen iğtebnâhü."

"Allah'ım, bizi ve gıybetini ettiğimiz kimseyi mağfiret eyle."

Böyle derse, gıybetten pişmanlık duymuş, bir nevi tevbe etmiş olur. Bir daha tekrarlamadığı takdirde Rabbimiz onu inşâallah afveder.

Gıybetten sonra üzüntü duymak, ettiği sözlere pişmanlık hissetmek, bir daha böyle âdi mevzulara girmeme azminde olmak, bir nev'i tevbe, istiğfar mânâsını İfâde eden güzel bir duygudur.

En kötüsü, gıybetten sonra pişmanlık duymamak, üzüntü hissetmemek, yaptığı günahtan lezzet alır duruma girmektir. Bu hâl menhûs bir lezzettir.

■ İMAM-I Â'ZAM'IN TESBİH DUÂSI

İmam-ı Â'zam Hazretlerinin gece gündüz dilinden düşürmediği rivâyet edilen meşhur tesbih duâsını bizler de dilimizden düşürmez, bulduğumuz fırsatta okumaya gayret ederiz.

Duâ aynen şöyledir:

$$\text{سُبْحَانَ الْأَبَدِيِّ الْأَبَدْ سُبْحَانَ الْوَاحِدِ الْأَحَدْ}$$

$$\text{سُبْحَانَ الْفَرْدِ الصَّمَدْ سُبْحَانَ رَافِعِ السَّمَاءِ بِغَيْرِ}$$

عَمْدَ سُبْحَانَ مَنْ بَسَطَ الْأَرْضَ عَلَى مَاءٍ جَمَدْ

سُبْحَانَ مَنْ خَلَقَ الْخَلْقَ فَأَحْصَاهُمْ عَدَدْ

سُبْحَانَ مَنْ قَسَّمَ الْأَرْزَاقَ وَلَمْ يَنْسَ أَحَدْ

سُبْحَانَ الَّذِى لَمْ يَتَّخِذْ صَاحِبَةً وَلَا وَلَداً

سُبْحَانَ الَّذِى لَمْ يَلِدْ وَلَمْ يُولَدْ وَلَمْ يَكُنْ لَهُ

كُفُواً أَحَدْ سُبْحَانَ مَنْ يَرَانِى وَيَعْرِفُ مَكَانِى

وَيَرْزُقَنِى وَلَا يَنْسَانِى

"Sübhâne'l-ebediyyi'l-ebed. Sübhâne'l-vâhi-
di'l-ehad Sübhâne'l-ferdi's-samed. Sübhâne râ-
fi'i's-semâi bi-gayri amed. Sübhâne men beseta'l-
arda alâ mâin cemed. Sübhâne men haleka'l-hal-
ka fe-ahsâhüm aded. Sübhâne men kasseme'l-er-
zâka ve lem yense ehad. Sübhânellezi lem yette-
hiz sâhibeten, velâ veleden. Sübhânellezi lem ye-
lid ve lem yûled ve lem yekün lehû küfüven ehad.
Sübhâne men yerânî ve ya'rifü mekânî ve yerzü-

kunî velâ yensânî..."

Mânâsını şöyle anlamak mümkündür:

"Tesbih yani noksan sıfatlardan tenzih ederim, ebediyyü'l-ebedi. Tesbih ederim, vâhid-i ehadi. Tesbih ederim, ferdü's-samedi.

Göğü direksiz tutanı tesbih ederim. Toprağı donmuş suyun üzerine koyanı tesbih ederim. Bütün varlıkları yaratıp sayısını ve halini bileni tesbih ederim. Rızıkları taksim ederken hiç bir varlığı unutmayanı tesbih ederim. Yardımcı ve evlâd ihtiyacı duymayanı tesbih ederim. Doğmayan, doğrulmayan ve hiç bir varlık kendisine eş ve denk olmayanı tesbih ederim. Beni göreni, yerimi bileni, rızkımı vereni, beni hiç bir an unutmayanı tesbih ederim!..."

■ HAKSIZ YERE HAPSE GİRENİN DUÂSI

Bilindiği üzere Yûsuf Aleyhisselâm haksız yere hapse girmiş, bir müddet orada kalmıştı. Bundan dolayıdır ki, hapishanenin bir adına da Medrese-i Yûsufiyye denmiş, burada Yûsuf Aleyhisselâm'ın kaldığı gibi kalınması gerektiği imâ edilmiştir.

Hapsi böyle bilen, elbette ondan fazla sıkılmaz, bir teselli tarafını bularak huzur bulur, sıkıntısını azaltır.

Ancak ne de olsa geniş bir âlemden dar bir yere tıkılıp kalmak, orada uzun müddet beklemeye kendini mecbur bilmek sıkıntı verebilir. İşte böyle sıkıntı duyulan anlarda Hazret-i Cebrâil'in Yûsuf Aleyhisselâm'a okuduğu duâyı okumalı, Yûsuf Aleyhisselâm'ın tahliyesine sebeb olan bu duânın kendisinin de çıkmasına sebeb olabileceğini niyet etmelidir.

Hazret-i Cebrâil'in Yûsuf Aleyhisselâm'a okumasını tavsiye buyurduğu hapishane duâsı şöyledir:

اَللّٰهُمَّ اجْعَلْنِى مِنْ كُلِّ مَا اَهَمَّنِى وَقَرِّبْنِى مِنْ اَمْرِ
دُنْيَاىَ وَاَمْرِ آخِرَتِى فَرَحاً وَمَخْرَجاً وَارْزُقْنِى مِنْ
حَيْثُ لَا يَحْتَسِبُ وَاغْفِرْ لِى ذَنْبِى وَثَبِّتْ
رَجَائِى وَقْتَهُ عَمَّنْ سِوَاكَ حَتَّى لَا اَرْجُو اَحَداً
غَيْرَكَ

"Allahümme'c'alnî min külli mâ ehemmenî ve karribnî min emr-i dünyâye ve emr-i âhiretî ferehan ve mahrecen. Ve'rzuknî min haysü lâ yahte-

sibü, ve'ğfirlî zenbî ve sebbit recâ'î vaktehû am-
men sivake, hattâ lâ ercû ehaden gayreke."

■ VAPURA BİNERKEN OKUNACAK DUÂ

Deniz yolculuğu da diğerleri gibi tehlikeden uzak
bir seyahat değildir. Sâkin duran deniz bazan dalga-
larla azar, insan hayatını tehlikeye sokan bir duruma
girer. Hattâ bazan ölümlere bile sebebiyet verebilir.

Böyle ihtimalleri düşünen mü'min, vapura biner-
ken Resûlüllah'ın tavsiye buyurduğu duâyı okur, kor-
kulardan emin olur.

Nûh Aleyhisselâm da gemisine binince bu duâyı
okumuş, altı ay kadar süren dünya çapındaki tûfan-
dan gemisini ve içindekileri böylece kurtarmıştı.
Âyetten alınan vapura binme duâsı aynen şöyledir:

بِسْمِ اللهِ مَجْرَيهَا وَمُرْسَيهَا إِنَّ رَبِّى لَغَفُورٌ رَحِيمٌ

"Bismillâhi mecreyhâ ve mürsâhâ. İnne Rab-
bî legafûru'r-rahîm. Ve mâ kaderullâhe hakka
kadrihî, ve'l-ardu cemî'an, kabzatühû yevme'l-
kıyâmeti, ve's-semâvâtü matviyyâtün bi-yemîni-
hî. Sübhânehû ve teâlâ âmmâ yüşrikûn!"

■ MAHSULÜN İLKİNİ GÖRÜNCE OKUNACAK DUÂ

Diğer nimetler gibi yeşil meyve ve mahsuller de Rabbimizin bizlere lûtuf ve ikramıdır. Mevsimi gelince yoktan var olan taptaze meyveler, pazar ve manavların vitrinlerini doldurur, hâsıl ettikleri gıda ve lezzetleriyle bizleri memnun ederler.

Bu meyvelerin ilkini görünce hemen düşünmeli, şuurlu şekilde bir tefekküre girmeli; nimetten, nimeti vereni hatırlamalı, bu hatırlamadan sonra O'na hamdimizi yapmalıyız. Resûl-i Ekrem Efendimiz de böyle yapardı. Taberânî'de geçen bir hadîsten öğrendiğimize göre Efendimize yeni yetiştirilmiş bir meyve getirilince onu alır, şöyle tefekkürle bakar, bu güzel ve tâze nimeti veren yüce Rabb'a hamd ve şükürler eder, bundan sonra da bu meyveyi, yanında bulunan küçüklere ikram eder ve şöyle derdi:

اَللّٰهُمَّ كَمَا رَأَيْتَنَا اَوَّلَهُ فَأَرِنَا آخِرَهُ

"Allahümme kemâ raeytenâ evvelehû, fe-erinâ âhirehû."

"Allah'ım, bu meyvenin evvelini gösterdiğin gibi, âhirini de göster, bizleri o zamana da eriştir."

■ İMANI KORUMA DUÂSI

Hayatın gayesi, imanlı olarak yaşamak, imanlı olarak da ölmektir. İmanlı olarak yaşanmış, imanlı olarak da âhirete göçülmüşşe hayat gayesini bulmuş, hedefine varmış demektir. Ancak, iman boş lâfla, kuru sözle korunmaz. İmanı koruyup hayatı gayesine erdirebilmek için imanî bilgileri çok kuvvetli almak, şöyle, böyle lâflarla imanda şüpheye düşmeyecek seviyeye çıkmak lâzımdır. Bunun için de imanî eserleri devamlı okuyarak imanı taklidden tahkike yükseltmek, yanlış yazı ve beyânla sarsılmayacak hâle getirmek gerekir.

İmanı kuvvetlendirme gayret ve azmine bir başka ibâdet usulünü de ilâve eden mâneviyat büyükleri, akşamla yatsı arasında iki rekât namaz kılmayı da âdet edinmişlerdir. Her rekâtta Fâtiha'dan sonra Âye-te'l-Kürsî'yi, (Kul yâ Eyyühelkâfirun) sûresiyle yedişer (İhlâs), birer (Kul eûzü bi-rabbi'l-felâk) ve (Nâs) sûrelerini okumuşlar. Namazın sonunda da şu duâ ile imanı muhafaza için Allah'a yalvarmışlardır.

اَللّٰهُمَّ إِنِّى اَسْتَوْدِعُكَ دِينِى وَإِيمَانِى فَاحْفَظْهُ

عَلَىَّ فِى حَيَاتِى وَعِنْدَ وَفَاتِى بَعْدَ مَمَاتِى

بِرَحْمَتِكَ يَا اَرْحَمَ الرَّاحِمِينَ.

"Allahümme innî estevdiuke dinî ve imanî. Fahfazhü aleyye fî hayatî ve inde vefatî ba'de mematî. Birahmetike yâ erhamerrâhimîn."

"Yâ Rab, dinimi, imanımı sana emanet ediyorum. Sen hayatımda, hayatımın bitimi ânında ve bitiminden sonra da imanımı muhafaza eyle, rahmetinle himayene al. Sen merhametlilerin merhametlisisin Allah'ım."

■ KÖTÜNÜN ŞERRİNDEN KORUNMA DUÂSI

Peygamberimiz kaba kuvvetiyle hareket eden zalime karşı şöyle duâ etmeyi tavsiye buyurmuştur:

لَا إِلٰهَ إِلَّا اللهُ الْحَلِيمُ الْحَكِيمُ سُبْحَانَ اللهِ رَبِّ

السَّمٰوَاتِ السَّبْعِ وَرَبِّ الْعَرْشِ الْعَظِيمِ لَا إِلٰهَ

إِلَّا أَنْتَ عَزَّ جَارُكَ وَجَلَّ ثَنَاؤُكَ

"Lâ ilâhe illâllahü'l-halîmü'l-hakîym. Sübhâ-nallâhi Rabbi's-semâvâti's-seb'i ve Rabbi'l-arşi'l-azîm. Lâ ilâhe illâ ente azze câruke ve celle se-nâ'ük."

Baskı ve terörle muhatabını yıldırarak yalan be-yânda bulundurmak isteyene karşı, Efendimiz şu du-âyı da tavsiye buyurmuştur:

رَضِيتُ بِاللهِ رَبًّا وَبِالْإِسْلَامِ دِينًا وَبِمُحَمَّدٍ عَلَيْهِ

السَّلَامُ نَبِيًّا وَبِالْقُرْآنِ حَكَمًا.

"Raditü billâhi Rabben ve bi'l-İslâmi dînen. Ve bi-Muhammedin aleyhisselâmu Nebiyyen ve bi'l-Kur'ani Hakemen."

"Ben Allah'ı Rab, İslâmı din, Muhammed Aley-hisselâm'ı da Nebî, Kur'an'ı ise bütün işlerimde hakem olarak kabûl ettim ve bunlara gönülden razı oldum. Sen bana ne söyletmek istersen iste, bu inancım asla değişmez, bu hakikat tebdil olmaz."

Hayatî tehlike olunca inancının zıddını söyleyen insana bir şey lâzım gelmez. Ama hayatî tehlikede olmayan kimse basit tehditlerle inancının zıddını söylememelidir. Bu duâyı okuyarak geçiştirmelidir.

■ PEYGAMBERİMİZ'İ RÜ'YADA GÖRME DUÂSI

Resûlüllah Aleyhissalâtü Vesselâm Efendimiz'i rü'yada görmeyi hemen her mü'min can ü gönülden arzu eder. Ancak, çok az kimseler buna muvaffak olur. Çünkü, Resûlüllah'ı görmenin ilk şartı, sünnetine sıkı sıkıya bağlı olmak, hayatı sünnet üzere devam ettirme azim ve aşkında olmaktır. Ayrıca, haramlardan uzak kalmak, farzları mutlaka yerine getirmek de Resûlüllah'ı görmenin ilk şartlarındandır. Böylece büyük günahlardan kaçınan mü'min, Resûlüllah'ı görmek için aşk derecesinde bir arzu ve alâka duymaya başladığı günlerde çok çok salât ü selâm getirmeli, yatarken de ısrarla ve devamla şu duâyı okumalıdır:

اَللّٰهُمَّ رَبَّ الْبَلْدَةِ الْحَرَامِ وَالشَّهْرِ الْحَرَامِ وَالْحَرَمِ

الْحَرَامِ وَالرُّكْنِ وَالْمَقَامِ إِقْرَأْ عَلٰى نَبِيِّنَا مُحَمَّدٍ

عَلَيْهِ الصَّلَاةُ وَالسَّلَامُ مِنَّا السَّلَامَ.

"Allahümme Rabbe'l-beldeti'l-harâm, ve'ş-şehri'l-haram. Ve'l-haremi'l-haram. Ve'r-rükni ve'l-makam. İkra' alâ Nebiyyinâ Muhammedin Aleyhissalâtü vesselâm minne's-selâm..."

"Ey haram beldesinin, haram ayının, haram olan haremin ve rükn ile makamın Rabbi olan Allah'ım, Nebîmiz Muhammed Aleyhisselâm'a benden selâm ulaştır ve ona olan sevgi ve hürmetimi duyur."

Bu duygularla okunmaya devam edilen duâlar, günün birinde te'sirini gösterir, büyük bir günah ve hatası yoksa, Resûlüllah kendisine inşâallah görünür. Şayet görmezse, buna rağmen alâka ve ümidi devam ederse, âhirette kendisine çok yakınlık gösteren Resûlüllah şöyle hitab eder:

— Sen beni öylesine seven ümmetimsin ki, beni görmeyi arzuladın göremedin, ama buna rağmen alâkanı kesmedin, ümidini yitirmedin.

Senin alâkan samimi, ihlâsın kavîdir. Devam ettirdiğin sevgi ve hürmetinin karşılığını görme zamanın gelmiştir, sana şefaatım vâcib olmuştur. Gel, şefaatıma lâyık olanların arasına gir.

■ RÜ'YA SÖYLENECEĞİ ANDA YAPILACAK DUÂ

Rü'yasını anlatmak isteyen insan, "Bugün bir rü'ya gördüm" diyerek söze başlayacağı sırada ona:

$$\text{خَيْراً رَأَيْتَ يَكُونُ خَيْراً إِنْ شَاءَ اللّٰه}$$

"Hayran raeyte, yekûnü hayran inşâallah," demeliyiz. Yâni, "Hayır görmüşsün. İnşâallah hayırlı sonuç da alırsın."

Resûl-i Ekrem Efendimiz, "ben bir rü'ya gördüm" diyen zâta böyle karşılık vermiş, dolayısıyla da ümmetine böyle karşılık vermeyi tavsiye buyurmuştur.

Bir diğer hadîsten de şu duâyı öğrenmekteyiz.

Resûl-i Ekrem Efendimiz'e rü'ya anlatılmak

istendiği anda önce şöyle duâ eder, temennide bulunurdu:

$$\text{خَيْرًا تَلْقَاهُ وَشَرًّا تَوَقَّيهُ خَيْرًا لَنَا وَشَرًّا عَلَى}$$

$$\text{أَعْدَائِنَا وَالْحَمْدُ لِلَّهِ رَبِّ الْعَالَمِينَ.}$$

"Hayran telkâhü ve şerren tevekkâhü. Hayran lenâ ve şerren alâ a'dâinâ. Velhamdülillâhi Rabbi'l-âlemîn."

"Hayırla karşılaşacaksın, şerden uzaklaşacaksın. Hayır bizlere, şer düşmanlarımıza, hamd âlemlerin Rabbına olsun."

Hayırlı rü'ya görünce Allah'a hamd etmeliyiz. Şerli rü'ya görünce şeytana yüklemeli, şeytanın şerrinden Allah'a sığınmalıyız.

Bunun için, beğendiğimiz rü'yadan sonra "Elhamdülillâh" deriz.

Beğenmeyip şüphelendiğimiz rü'yadan sonra da "Eûzü billâhi mineşşeytanirracîm" deriz.

İyi rü'ya anlatılmalı, kötüsü anlatılmamalı; anlatılırsa iyiye yormalı, şerre işâret saymamalı.

■ RÜYA'DA KORKANIN DUÂSI

Rü'yanın bazan dışı korkulu, içi sevindirici olur. Bazan da içi korkulu olur, ama dışı sevindirici görünür. Yâni, rü'yanın görünüşündeki kötülüğe bakıp da korku ve üzüntüye kapılmamalıdır. Hiç belli olmaz, o korkulu rü'ya, hayırların fethine, şerlerin def'ine işâret olabilir.

Rü'ya kötüye işâret olduğu yolunda kendisinde şüphe belirirse, hemen şu duâyı okumalıdır:

$$ اَللّٰهُمَّ إِنَّا نَعُوذُ بِكَ مِنْ عَمَلِ الشَّيْطَانِ وَسَيِّئَاتِ الْأَحْلَامِ $$

"Allahümme innâ neûzü bike min ameli'ş-şeytani ve seyyiâti'l-ahlâm."

"Allah'ım, şeytanın şerrinden ve rü'yanın kötüsünden sana sığınırız."

İster hayra, ister şerre işâret olsun, korkutan rü'yalardan sonra umumiyetle şu duâ okunmalı, Allah'a sığınmalıdır:

أَعُوذُ بِكَلِمَاتِ الله التَّامَّاتِ مِنْ غَضَبِهِ وَشَرِّ عِبَادِهِ وَمِنْ هَمَزَاتِ الشَّيَاطِينِ وَأَنْ يَحْضُرُونِ.

"Eûzü bi-kelimatillâhi't-tâmmâti min gadabihi ve şerri ibadihi ve min hemezati'ş-şeyâtîne ve en yahdurûn."

Abdullah bin Amr, korkulu rü'ya görenlere bu duâyı okumalarını tavsiye eder, bilmeyenlerin de duâyı yazıp boynuna asardı.

■ YILDIRIMDAN KORUNMA DUÂSI

Şiddetli gök gürleyip yıldırım ihtimalinin hatırlandığı anda okumayı âdet edinmemiz gereken âyet şudur:

سُبْحَانَ الَّذِى يُسَبِّحُ الرَّعْدُ بِحَمْدِهِ وَالْمَلَئِكَةُ مِنْ خِيفَتِهِ وَهُوَ عَلَى كُلِّ شَىْءٍ قَدِيرٌ

"Sübhânellezi yüsebbihu'r-ra'du bi-hamdihi

ve'l-melâiketü min hîfetihi ve hüve alâ külli şey'in kadir."

Yıldırım ihtimalinin belirdiği anlarda ucu yükseklere uzanan şeylerin altına girmemeye gayret etmeli, yıldırım çekebileceği anlaşılan cisimlerin altından uzak yerde beklenilmelidir. Bu gibi yüksek yerlere yıldırım toplayıcı paratönerler takıp tehlikeyi maddî tedbirle de önlemeye çalışmalıdır.

■ ŞİDDETLİ RÜZGÂR ESİNCE OKUNACAK DUÂ

Bir hadîsten öğrendiğimize göre rüzgâr bazan yağmur, bereket gibi hayırlı şeyler getirir. Bazan da kasırga ve yıkıntı gibi felâkete sebeb olur. Nitekim Resûl-i Ekrem Efendimiz rüzgârın estiğini anlayınca hemen dizleri üzerine çöker ve:

$$ اَللّٰهُمَّ اجْعَلْهَا رَحْمَةً وَلَا تَجْعَلْهَا عَذَاباً. $$

"Allahümme'c'alha rahmeten ve lâ tec'alhâ azaben." diye yalvarır, duâ eder, azaba değil, rahmete vesile olmasını dilerdi. Yâni, **"Yâ Rabbi bu**

rüzgârı bize rahmete vesile kıl, azabımıza sebeb eyleme."

Bir diğer duâsında da Peygamberimiz şöyle yalvarmıştır:

— Yâ Rab, şu rüzgârın içinde bulunanın ve hangi hizmet için gönderilmişse onun hayrını senden dilerim. İçinde bulunanın şerrinden ve gönderildiği şeyin şerrinden sana sığınırım

Resûl-i Ekrem Efendimiz her türlü âfete yüklü bulunan bulutu gökyüzünde görünce de yine Allah'a sığınır, şu duâyla ilticada bulunurdu:

$$اَللّٰهُمَّ اِنَّا نَعُوذُ بِكَ مِنْ شَرِّ مَا اُرْسِلَ بِهِ.$$

"Allahümme innâ neûzü bike min şerri mâ ürsile bihi."

"Gönderildiği şeyin şerrinden Allah'a sığınırız."

■ SIKINTILARDA OKUNACAK DUÂ

Allah insan için dâima hayırlısını takdir eder. Ancak insan bazan bu takdire nefsini zor razı eder, hattâ şikâyette de bulunur. Hakkında hayırlı olmayanı bile istemeye meyleder.

Bu sebeble insan, mâruz kaldığı sıkıntılı takdirlere nefsinin isyan etmeyip itaat etmesi için duâ etmeli, hakkında hayırlısını dilemelidir.

Peygamberimiz böyle sıkıntı içinde kalan kimseye duâ tavsiye buyurmuştur. Onu okumalı, Allah'a teslim olmalıyız. Duâ şöyledir:

بِسْمِ الله عَلَى نَفْسِى وَمَالِى وَدِينِى اَللَّهُمَّ رَضِّنِى
بِقَضَائِكَ وَبَارِكْ لِى فِيمَا قُدِّرَ لِى حَتَّى لَا أُحِبَّ
تَعْجِيلَ مَا أَخَّرْتَهُ وَتَأْخِيرَ مَا عَجَّلْتَهُ .

"Bismillâhi alâ nefsî ve mâlî ve dînî. Allahümme raddnî bi-kadâike ve bârik lî fîmâ kuddire lî, hattâ lâ uhibbe ta'cîle mâ ahhartehu ve te'hîra mâ acceltehu."

"Allah'ım, senin ismine, malımı, dinimi ve nefsimi emanet ediyorum. Allah'ım, hükmüne beni razı kıl, kaderimde olanı bana mübarek kıl ki, te'hir ettiğinin acelesini, acele ettiğinin de te'hirini istemeyeyim. Nefsimin isyanını önle, teslimini sağla."

■ EZANA İCÂBET DUÂSI

Namaz vakitlerinde müezzin ezan okur, mü'minler de ezana icâbet eder.

Ezana icâbet iki türlü olur. Biri müezzinin söylediğini aynen söylemekle, diğeri de kalkıp camiye yürümekle, yahut evde namaz hazırlığına girmekle.

Biz burada müezzinin okuduğunu aynen tekrar etmekle vâki olacak icâbeti anlatacağız.

Bilindiği üzere ezan başlayınca susmak, okunan kudsî cümleleri dinlemek müstehabtır. Hattâ, dinlerken de müezzinin söylediği kudsî kelimeleri aynen içinden söylemekle icâbet de müstehabtır. Ancak, ezandaki "Hayyâ ale's-salâh" ve "Hayyâ ale'l-felâh" kelimelerinde aynı kelimeler söylenmez. Bunların yerine "Lâ havle velâ kuvvete illâ billâh" denir.

Sabah namazı ezanında ise müezzinin "Essalâtü hayrun mine'n-nevm" kelimesine "Sadaka ve berirte" denerek icâbet edilir.

Ezan dinlerken icâbetini böyle yapmış olan mü'min, ayrıca ezanın sonunda bir de vesile duâsı okursa daha çok sevap alır, hem de Efendimiz'in şefaatına lâyık olur. Nitekim Hazret-i Resûlüllah bu hususta şöyle buyurmuşlardır:

— **Kim ezandan sonra vesîle duâsını okursa ona şefaatım helâl olur.**

Yâni şefaata lâyık mü'min olduğunu bu duâ ile ifâde etmiş olur.

Şefaatın kazanılmasına sebeb olan vesile duâsı şudur:

$$
\text{اَللّٰهُمَّ رَبَّ هٰذِهِ الدَّعْوَةِ التَّامَّةِ وَالصَّلَاةِ الْقَائِمَةِ}
$$

$$
\text{آتِ مُحَمَّدًا الْوَسِيلَةَ وَالْفَضِيلَةَ وَابْعَثْهُ مَقَامًا}
$$

$$
\text{مَحْمُودًا الَّذِى وَعَدْتَهُ.}
$$

"Allahümme rabbe hâzihi'd-da'veti't-tâmmeh ve's-salâti'l-kaimeh, âti Muhammeden'il-vesîlete ve'l-fadîlete ve'd-derecete'l-vâsiate ve'b'ashu mekamen mahmûden ellezi vaadteh."

"Ey bu mukaddes da'vetin sahibi ve kılınacak namazın mâliki Rabbim, Efendimiz Muhammed Aleyhisselâm'a vesîle, fazîlet ve geniş derece makamlarını ver. O'nu kendisine vaadettiğin en nihâî makam olan Makam-ı Mahmud'un zirvesine çıkar."

■ ABDEST DUÂLARI

Abdeste başlarken önce niyet edilir, sonra eûzübesmele çekilir. Sonra da her bir âzayı yıkarken şu duâlar okunur:

● **Elleri Yıkarken:**

$$\text{اَلْحَمْدُ لِلَّهِ الَّذِى جَعَلَ الْمَاءَ طَهُوراً وَالإِسْلَامَ}$$

$$\text{نُوراً}$$

"**Elhamdü lillâhi'llezî ceale'l-mâe tahûran ve'l-İslâme nûran...**"

"Suyu temizleyici, İslâm'ı da nûr kılan Allah'a hamdolsun..."

● **Ağza Su Verirken:**

$$\text{اَللَّهُمَّ اَعِنّى عَلَى تِلَاوَةِ الْقُرْآنِ وَذِكْرِكَ وَشُكْرِكَ}$$

$$\text{وَحُسْنِ عِبَادَتِكَ}$$

"**Allahümme einnî alâ tilâveti'l-Kur'an ve zikrike ve şükrike ve hüsni ibâdetike...**"

"Ey Allah'ım, Kur'an okumak, seni zikir ve sana şükür etmek, sana olan ibâdeti güzelleştirmek hususlarında bana yardım et!..."

● **Burna Su Verirken:**

اَللّٰهُمَّ اَرِحْنِى رَائِحَةَ الْجَنَّةِ وَلَا تُرِحْنِى رَائِحَةَ

النَّارِ

"Allahümme erihnî râihate'l-Cenneti velâ tu-rihnî râihate'n-nâr..." "Allah'ım, bana Cennet koku-sunu duyur, Cehennem kokusunu hissettirme!"

● **Yüzü Yıkarken:**

اَللّٰهُمَّ بَيِّضْ وَجْهِى يَوْمَ تَبْيَضُّ وُجُوهٌ وَتَسْوَدُّ

وُجُوهٌ

"Allahümme beyyid vechî yevme tebyaddu vücûhün ve tesveddü vücûh..."

"Allah'ım, yüzlerin kiminin ak, kiminin kara oldu-ğu o günde, benim yüzümü (kara değil) ak çıkar!"

● **Sağ Kolu Yıkarken:**

اَللّٰهُمَّ اَعْطِنِى كِتَابِى بِيَمِينِى وَحَاسِبْنِى حِسَابًا

يَسِيرًا

"Allahümme a'tinî kitabî biyemînî ve hâsibni hisaben yesirâ.."

"Allah'ım, kitabımı sağımdan ver, hesabımı da kolay eyle!"

● **Sol Kolu Yıkarken:**

اللّٰهُمَّ لَا تُعْطِنِى كِتَابِى بِشِمَالِى، وَلَا مِنْ وَرَآءِ
ظَهْرِى

"Allahümme lâ tu'tinî kitabî biyesârî velâ min verai zahrî."

"Allah'ım, kitabımı solumdan ve arkamdan verme."

● **Başı Meshederken:**

اللّٰهُمَّ اَظِلَّنِى تَحْتَ ظِلِّ عَرْشِكَ يَوْمَ لَا ظِلَّ الَّا
ظِلُّ عَرْشِكَ

"Allahümme Ezillenî tahte zilli arşike yevme lâ zılle ilâ zıllü arşik..."

"Allah'ım, Arş'ın gölgesinden başka gölge olmadığı günde, beni Arş'ının gölgesinde gölgelendir..."

● **Kulakları Meshederken:**

$$اللّٰهُمَّ اجْعَلْنى مِنَ الَّذينَ يَسْتَمِعُونَ الْقَوْلَ$$

$$فَيَتَّبِعُونَ أَحْسَنَهُ$$

"Allahümme'c'alnî mine'llezîne yestemiûne'l-kavle feyettebiûne ahseneh..."

"Allah'ım, beni sözü dinleyip de en güzeline uyanlardan eyle."

● **Boynu Meshederken:**

$$اللّٰهُمَّ اَعْتِقْ رَقَبَتى مِنَ النَّارِ$$

"Allahümme a'tik rakabetî mine'n-nâr..."

"Allah'ım, boynumu Cehennem ateşinden âzâd eyle!"

● **Ayakları Yıkarken:**

اللّٰهُمَّ ثَبِّتْ قَدَمِى عَلَى الصِّرَاطِ يَوْمَ تَزِلُّ فِيهِ
الْاَقْدَامُ

"Allahümme sebbit kademeyye ale's-sırati yevme tezillu fihi'l-akdâm..."

"Allah'ım, ayakların sırat üstünde kaydığı günde, ayaklarımı sırat üstünde sabit eyle, kaydırma!..."

Abdest bitince ayakta kıbleye karşı durarak kelime-i şehâdet getirilir, ayrıca:

اللّٰهُمَّ اجْعَلْنِى مِنَ التَّوَّابِينَ وَاجْعَلْنِى مِنَ
الْمُتَطَهِّرِينَ

"Allahümme'c'alnî mine't-tevvabîne ve'c'alnî mine'l-mütetahhirîn..."

"Allah'ım, beni tevbe eden ve maddî ve mânevî temizliğe eren kullarından eyle." diye duâ edilir.

Abdestten sonra, 3 kere de Kadr sûresi okunur.

● **Kadr Sûresi:**

اِنَّا اَنْزَلْنَاهُ فِى لَيْلَةِ الْقَدْرِ ۞ وَمَا اَدْرٰيكَ مَا لَيْلَةُ

الْقَدْرِ ۞ لَيْلَةُ الْقَدْرِ خَيْرٌ مِنْ اَلْفِ شَهْرٍ ۞ تَنَزَّلُ

الْمَلٰئِكَةُ وَالرُّوحُ فِيهَا بِاِذْنِ رَبِّهِمْ مِنْ كُلِّ اَمْرٍ ۞

سَلَامٌ هِيَ حَتّٰى مَطْلَعِ الْفَجْرِ.

"İnnâ enzelnâhu fi leyleti'l-kadri vemâ edrake mâ leyletü'l-kadri leyletü'l-kadri hayrun min elfi şehrin tenezzelü'l-melâiketü ve'r-Rûhu fihâ bi-iz-ni rabbihim min külli emrin selâm, hiye hattâ mat-lai'l-fecr..."

"Biz o Kur'an'ı Kadir gecesinde indirdik. Kadir gecesinin ne olduğunu sana bildiren şey nedir? Kadir gecesi bin aydan hayırlıdır. Melekler ve Rûh (Cebrâil), o gece, Rablerinin izniyle her türlü işle iner-ler. O gece tan yeri ağarıncaya kadar bir selâmettir..."

■ EVDEN CAMİYE GİDERKEN
OKUNACAK DUÂ

İbn-i Mâce'nin rivâyet ettiği hadîsinde Efendimiz şöyle buyurur:

— **Kim şu duâyı okuyarak namaz için yürümeye başlarsa yetmiş bin melek O'na istiğfar eder, afvolması için duâda bulunur, namaz sonuna kadar da Rabbimiz meleklerin duâsını kabûl buyurur, afva mazhar kılar.**

Efendimiz'in okumamızı tavsiye buyurduğu duâ şudur:

اَللّٰهُمَّ اِنِّى اَسْئَلُكَ بِحَقِّ السَّائِلِينَ عَلَيْكَ وَبِحَقِّ
مَمْشَاىَ هٰذَا فَاِنِّى لَمْ اَخْرُجْ شَرًّا وَلَا بَطَرًا وَلَا
رِيَاءً وَلَا سُمْعَةً وَخَرَجْتُ اتِّقَاءَ سَخَطِكَ وَابْتِغَاءَ
مَرْضَاتِكَ اَسْئَلُكَ اَنْ تُبْعِدَنِى مِنَ النَّارِ وَاَنْ تَغْفِرَ
لِى ذُنُوبِى اِنَّهُ لَا يَغْفِرُ الذُّنُوبَ اِلَّا اَنْتَ.

"Allahümme innî es'elüke bi-hakkı's-sâiline aleyke ve bi-hakkı memşâye hâzâ. Fe-innî lem ehruc şerran velâ betaran ve lâ riyâ'en velâ süm'aten ve harectü ittika'e sahatike, vebtigâ'e merdâtike. Es'elüke en tüb'idenî mine'n-nâr ve en tağfirelî zünûbî. İnnehû lâ yağfiru'z-zünûbe illâ ente."

"Allah'ım; senin kapında sâil olarak bulunanların hakkı için, senin emrine uymak için girdiğim şu yürüyüşümün hakkı için senden (hayırlı niyetlerimin kabûlünü) istiyorum. Zira ben şu andaki yola sana karşı gelmek, büyüklenmek, gösteriş yapmak, insanların görüp beğenmelerini sağlamak için çıkmadım. Sadece azabından korkarak, rızanı umarak çıktım. Beni Cehennem'in ateşinden korumanı ve buna sebeb olacak günahlarımı da afvetmeni diliyorum. Kesin hakikat odur ki, günahları ancak sen afvedersin. Senden başka koruyucu, kurtarıcı yoktur."

Ameliniz makbûl, günahlarınız mağfûr, ibâdetleriniz de mebrûr olsun, ey namaza devam edenler.

■ CAMİYE GİRİP - ÇIKARKEN
OKUNACAK DUÂLAR

Resûl-i Ekrem Efendimiz camiye girerken duâ okuduğu gibi, çıkarken de duâ okurdu. Her duâsı da ayrı olurdu. Nitekim hadîs kitaplarından İbn-i Mâce'de camiye girerken okuduğu şu duâ nakledilmektedir:

اَللّٰهُمَّ صَلِّ عَلٰى مُحَمَّدٍ وَعَلٰى آلِ مُحَمَّدٍ
وَصَحْبِهِ وَسَلِّمْ اَللّٰهُمَّ افْتَحْ لِى اَبْوَابَ رَحْمَتِكَ

"Allahümme salli alâ Muhammedin ve alâ âli Muhammedin ve sahbihî ve sellim. Allahümme'ftah lî ebvâbe rahmetike."

Huzur ve iltica ile camiye giren Efendimiz'in ibâdetini edâ ettikten sonra çıkarken de şu duâyı okuduğu zikredilmektedir:

اَللّٰهُمَّ إِنِّى اَسْئَلُكَ مِنْ فَضْلِكَ.

"Allahümme innî es'elüke min fadlike."

"Yâ Rab, senin fazlından, kereminden istiyorum.

Yoksa benim hak ettiğimden değil..."

Zaten bütün nimet ve kazançlar lûtf-i ilâhî ve ni-met-i Rabbanî'dir. Hiç biri bizim hak ettiğimiz alaca-ğımız değildir. Tamamen Rabbimizin fazl-ı ihsânı-dır.

■ SECDE ÂYETİ OKUNUNCA
YAPILACAK DUÂ

Bilindiği üzere Kur'ân-ı Kerîm'in (ondört) yerinde secde âyeti vardır. Kur'an okuyan kimse bu âyetlere rastgelince dikkat çeker, secde âyetini okuyunca he-men duraklar. Kalkar, elleri yanına salıverilmiş halde tekbir alır, namaz secdesi gibi secdeye iner. Secde-de üç defa:

"**Sübhâne Rabbiye'l-a'lâ**" der, yahut: "**Sübhâ-ne Rabbinâ in kâne vâdü Rabbinâ le-mef'ûlâ**" der. Sonra yine tekbir alarak başını kaldırır, böylece sec-de âyetini okuması sebebiyle yüklendiği secde mü-kellefiyetini yerine getirmiş olur.

Secdeden kalkınca:

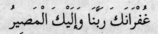

غُفْرَانَكَ رَبَّنَا وَإِلَيْكَ الْمَصِيرُ

"Gufrâneke Rabbenâ ve ileyke'l-masîr" âyeti (duâ makamında) okunur.

Şayet, âyet okunduğu, yahut dinlendiği halde, o anda secde yapılamayıp sonraya te'hir edilecekse, bu defa sadece şu duâ okunur:

سَمِعْنَا وَأَطَعْنَا غُفْرَانَكَ رَبَّنَا وَإِلَيْكَ الْمَصِيرُ

"Semi'nâ ve eta'nâ, gufrâneke Rabbenâ ve ileyke'l-masîr."

Bu duâdan sonra bulunan ilk fırsatta zimmete borç olarak geçmiş olan secde yapılmaya gayret edilir. Daha fazla borçlu olarak kalmaktan korkulur.

■ CUMA GÜNÜ OKUNACAK DUÂLAR

Resûl-i Ekrem Efendimiz cuma gününde farklı ibâdet ve hayırlar yapar, daha çok duâlar okurdu. Okuduğu duâlardan biri hadîs kitaplarında şöyle nakledilmektedir:

لَا إِلَهَ إِلاَّ أَنْتَ يَا حَنَّانُ يَا مَنَّانُ يَا بَدِيعَ

السَّمَوَاتِ وَالْأَرْضِ يَاذَا الْجَلَالِ وَالْإِكْرَامِ

"Lâ ilâhe illâ ente yâ Hannân, yâ Mennân, yâ bedîa's-semâvati ve'l-ardı, yâ Ze'l-celâli ve'l-ik-râm."

"Ey bütün varlıkların Hâlık'ı, başka bir ilâh yoktur, ancak sen varsın. Ey Hannân, ey Mennân, ey semâvât ve ardın bedîi, ey celâl ve kerem sahibi. Günümüzü hayırlı, ibâdet ve duâlarımızı kabûl eyle."

Hazret-i Ebû Hüreyre'nin rivâyetine göre Efendimiz, cuma namazı için caminin eşiğinden girerken de şu duâyı okurdu:

اَللّٰهُمَّ اجْعَلْنِى اَوْجَهَ مَنْ تَوَجَّهَ اِلَيْكَ وَاَقْرَبَ مَنْ تَقَرَّبَ اِلَيْكَ وَاَفْضَلَ مَنْ سَئَلَكَ وَرَغِبَ اِلَيْكَ.

"Allahümme'c'alnî evcehe men teveccehe ileyke ve akrebe men takarrabe ileyke ve efdale men seeleke ve ragıbe ileyke."

"Ey Allah'ım, beni, sana yönelenlerin en çok yöneleni, sana yaklaşanların en çok yaklaşanı ve senden isteyenlerin de, en fazla isteyeni ve en ümidlisi kıl..."

■ YENİ ELBİSE GİYİP ÇIKARIRKEN
OKUNACAK DUÂ

Yeni elbise insana gurur, kibir verir, günahkâr bir ruh hâli telkin eder. Böyle bir hisse kapılmamak için yeni elbiseyi giyerken duâ okunur, kibre, gurura kapılmamak için Allah'a iltica edilir, elbiseyi hayırlı yerlerde, hayırların ihyâsında giymek için niyette bulunulur.

Resûl-i Ekrem Efendimiz yeni elbise giyerken bu mânâya gelen duâlar tavsiye buyurmuş, hadîs kitaplarında özellikle şu duâyı okuduğu kaydedilmiştir:

$$ اَلْحَمْدُ لِلّٰهِ الَّذِى كَسَانِى مَا اُورِى بِهِ عَوْرَتِى $$

$$ وَاَتَجَمَّلُ بِهِ فِى حَيَاتِى $$

"Elhamdülillâhillezî kesâni mâ üvâriye bihi avretî ve etecemmelü bihi fî hayâtî."

"Avret yerimi örtecek elbiseyi bana ihsan eden ve giyindiğimde beni güzelleştiren Rabbime hamd olsun."

Bir diğer duâsında da Efendimiz şöyle niyazda

bulunmuştur:

— **Allah'ım, sana hamd ve şükürler olsun. Sen beni giyindirdin. Giyindirdiğin elbisenin hayırlısını dilerim, şerlisinden sana sığınırım.**

Umumiyetle elbise çıkarılırken avret yeri açılabilir, kapalı bulunacak yer görülebilir. Orada insan bulunmasa da cinnî bulunur, ruhânî görür. Bunun için ruhânîlerin gözleri önüne perde çekilir. Elbise öyle giyilir ve çıkarılır. Bu perdeyi Efendimiz besmele olarak haber vermiştir. Kim, elbise giyme ve çıkarma ânında avret yerinin açılması ihtimalini hatırlarsa, hemen:

— **Bismillâhillezi, lâ ilâhe illâ hüve,** demeli, ruhânîlerle kendi arasına bir perde çekmiş olmalıdır.

■ **YÂSİN DUÂSI**

Bilindiği üzere her şeyin en kıymetli ve makbûl yanı, kalbi'dir. Kalb, o şeyin özü, özeti ve canıdır.

Bundan hareketle bütünüyle mukaddes ve makbûl olan Hazret-i Kur'an'a baktığımızda O'nun kalbinin de Yâsin-i Şerîf olduğunu görmekteyiz. Nitekim Resûl-i Ekrem Efendimiz:

— Her şeyin bir kalbi vardır. Kur'an'ın kalbi de Yâsin'dir, buyurmuştur.

Bundan dolayıdır ki, perşembe geceleri, pazar günleri geçmişlerimize Yâsin-i Şerîf okur, ruhlarına hediye ederiz.

Yâsin'i besmele çekip okuyarak hediye etmek kifâyet ederse de, belli duâsıyla okuyup hediye etmek daha güzel ve makbûliyet arzeder.

Dua kitaplarımızda Yâsin'in başında ve sonunda şu duâ okunursa sevabının daha da yükseleceği ifâde olunmaktadır.

اَللّٰهُمَّ إِنِّى أَسْئَلُكَ صَبْراً جَمِيلاً وَقَلْباً سَلِيماً

وَلِساناً ذاكِراً وَدُعاءً مُسْتَجاباً وَكِتاباً يَمِيناً وَرِزْقاً

حَلالاً وَنَعِيماً وَجَنَّةً حَرِيراً وَنَضْرَةً وَسُروراً يا

قاضِىَ الْحاجاتِ، يا مُجِيبَ الدَّعَواتِ يا

كاشِفَ الضُّرِّ وَالْبَلِيّاتِ يا عالِمَ السِّرِّ وَالْخَفِيّاتِ

إِقْضِ حاجَتِى بِهذِهِ السّاعَةِ الْمُبارَكَةِ بِحُرْمَةِ

يس * وَالْقُرْآنِ الْحَكِيمِ .

إِنَّمَا اَمْرُهُ إِذَا اَرَادَ شَيْئًا اَنْ يَقُولَ لَهُ كُنْ فَيَكُونُ

فَسُبْحَانَ الَّذِى بِيَدِهِ مَلَكُوتُ كُلِّ شَئٍ وَإِلَيْهِ

تُرْجَعُونَ

"Allahümme innî es'elüke sabran cemîlen ve kalben selîmen. Ve lisanen zakiren ve duâen müstecâbben ve kitaben yemînen ve rızkan halâlen ve naîmen ve Cenneten harîran ve nadraten ve sürûra. Ya kâdiye'l-hâcât, yâ Mucîbe'd-daavât, yâ kâşife'd-durri ve'l-beliyyât, yâ âlime's-sirri ve'l-hafiyyât. İkdı hâceti, bihâzihi's-sâ'ati'l-mübâreketi bi-hürmeti:

Yâsîn ve'l-Kur'ani'l-hakîm. İnnema emruhu izâ erâde şey'en en yekûle lehu kün, feyekûn. Fe-sübhânellezi bi-yedihi melekûtü külli şey'in ve ileyhi türceûn."

Yâsin okumaya başlarken ve okumayı bitirince okunacak bu duâ inşaallah okuyanın niyetini ve dileğini de kabûle vesile olur.

■ KORKU VE ÜRPERTİ ÂNINDA OKUNACAK DUÂ

Bazı zaman ve mekânlarda karşılaştığımız, ya-hut karşılaşacağımızı zan ettiğimiz korku ve ürperti verecek hâdiseler olabilir. Böyle ihtimallerden önce hemen tedbirini alır, kendimizi emniyette hissetmeye gayret ederiz. Ancak aldığımız tedbirimiz bize gereken cesareti vermediğinden hemen Allah'a sığınır, maddî tedbirimizin yanında mânevî tedbiri de alır, duâmızı okuruz. Bu duâyı Efendimiz şöyle haber vermiştir: Yerde ve gökte korkulan şeyin zararından emin olmak isteyen kimse şöyle desin:

بِسْمِ اللهِ الَّذِى لَا يَضُرُّ مَعَ إِسْمِهِ شَئٌ فِى الْأَرْضِ وَلَا فِى السَّمَاءِ وَهُوَ السَّمِيعُ الْعَلِيمُ.

"Bismillâhillezî, lâ yadurru meâ ismihi şey'ün, fi'l-ardı velâ fi's-semâ'i. Ve hüve's-semî'ul-alîm."

"Mukaddes ismiyle hareket edildiği takdirde yerde ve gökte hiçbir şeyin zarar vermeyeceği Allah'ın ismiyle başlıyor, O'na sığınıyorum. O, işiten ve bilendir. Bènim de duâmı işitir, hâlimi bilir."

Korkudan emin olmak için alınan maddî tedbirden sonra okunan bu duâ hürmetine inşâallah korktuğundan emin olur, huzur ve selâmetle yoluna devam eder. Hedefine varır.

Gittiği muhitte meçhûlü olan yere inen insan, buranın verdiği korku ve ürpertiden de emin olmak istiyorsa, bu defa da şu duâyı okumalıdır:

$$ \text{أَعُوذُ بِكَلِمَاتِ اللهِ التَّامَّاتِ مِنْ شَرِّ مَا خَلَقَ.} $$

"Eûzü bi-kelimâtillâhi't-tâmmâti min şerri mâ haleka."

"Burada bulunan şerli mahlûkların şerrinden Allah'a güvenir, kelimât-ı tâmmesine sığınırım."

■ SABAH VE AKŞAM DEVAMLI OKUNACAK DUÂ

Camilerimizde sabah ve akşam namazından sonra, Haşir sûresinin son üç âyeti okunur, cemaat da dinlediği bu üç âyetin huzur ve huşûu ile camiden çıkar, evine döner.

Sabah okunması halinde günlük hayata bu âyetlerle başlanmış olunacağı gibi, akşam okunması halinde de geceye bu âyetlerle girilmiş kabûl edilir. Sabahta ve akşamda bu âyetlerin okunmasının şöyle bir sebebi vardır. Resûl-i Ekrem Efendimiz:

— Kim sabahtan itibaren Haşir sûresinin son üç âyetini okur da o gün vefat ederse, hükmen şehid olur, şehâdet rütbesini kazanır, buyurmuştur. Aynı müjde akşam okuyup da gece vefat eden kimse için de vâriddir.

Bu itibarla, sabah ve akşam namazlarından sonra Haşir sûresinin son üç âyetini ihmal etmeden okumalı, okuduğu gün ve gecede vefat vukuunda şehidlik rütbesi ümid edilmelidir. Okuyana şehidlik sevabı kazandıran bu âyetler için baştan çekilen Eûzü-Besmele'nin özel şekli şöyledir:

$$ اَعُوذُ بِاللّٰهِ السَّمِيعِ الْعَلِيمِ مِنَ الشَّيْطَانِ الرَّجِيمِ $$

"Eûzü billâhi's-semî'il-alîmi mine'ş-şeytâni'r-racîm. Bismillâhirrahmânirrahîm."

Sonra âyete başlanır, sûrenin son üç âyeti okunur.

هُوَ اللهُ الَّذِى لَآ إِلَهَ إِلَّا هُوَ عَالِمُ الْغَيْبِ
وَالشَّهَادَةِ هُوَ الرَّحْمَنُ الرَّحِيمُ ٭ هُوَ اللهُ الَّذِى لَا
إِلَهَ إِلَّا هُوَ الْمَلِكُ الْقُدُّوسُ السَّلَامُ الْمُؤْمِنُ
الْمُهَيْمِنُ الْعَزِيزُ الْجَبَّارُ الْمُتَكَبِّرُ سُبْحَانَ اللهِ عَمَّا
يُشْرِكُونَ ٭ هُوَ اللهُ الْخَالِقُ الْبَارِئُ الْمُصَوِّرُ لَهُ
الْأَسْمَاءُ الْحُسْنَى يُسَبِّحُ لَهُ مَا فِى السَّموَاتِ
وَالْأَرْضِ وَهُوَ الْعَزِيزُ الْحَكِيمُ.

"Hüvellâhüllezî, lâ ilâhe illâ hû, Âlimü'l-gaybi ve'ş-şehâdeti, hüve'r-rahmânürrahîm. Hüvellâhüllezî lâ ilâhe illâ hû. El-melikü'l-kuddûsü's-selâmü'l-mü'minü'l-müheyminü'l-azizü'l-Cebbâru'l-mütekebbir. Sübhânallahi ammâ yüşrikûn. Hüvellâhü'l-haliku'l-bâriü'l-müsavviru, lehü'l-esmâü'l-hüsnâ. Yüsebbihu lehû mâ fi's-semâvâti ve'l-ardı ve hüve'l'azizü'l-hakîm."

■ ÖFKELENİNCE OKUNACAK DUÂ

Peygamberimiz öfkeli insanın hemen Eûzü çekmesini tavsiye buyurmuş, Allah'ın huzurundan kovulmuş şeytanın te'sirinden kurtulmayı niyet etmesini istemiştir. Nitekim öfkeden yüzü sapsarı kesilmiş birini gördüğünde:

— **Ben öyle bir kelime biliyorum ki bu adam onu söylese bu te'sirden kurtulur**, buyurmuş; bu kelimenin de:

— **Eûzü billâhi mine'ş-şeytanirracîm**, cümlesi olduğunu bildirmiştir.

Bir diğer hadîsinde Efendimiz şöyle buyurmuştur:

— **Öfke şeytandandır. Şeytan ise ateşten yaratılmıştır. Sizden biriniz öfkelenince hemen abdest alsın, ateşten yaratılmış şeytanın te'sirini suyla söndürmüş olsun.**

Öfkelenen insan, öfkelendiği şeyin fâni, geçici bir şey olduğunu şuurlu olarak hatırlarsa, öfkesine fazla sebeb kalmaz, öfkenin te'siri böyle bir tefekkürle de azalır, belki de iman kuvvetine göre yok olur. Zaten böylelerine Peygamberimiz Pehlivan ünvanı veriyor. Hadîste, pehlivan başkasını yenen değil, öfkelendiği anda kendi nefsini yenip, öfkesini durdurandır, buyurmuştur.

■ YAĞMUR YAĞARKEN OKUNACAK DUÂ

Yağan yağmur bazan âfet hâlini alabildiği gibi, bazan da çok az ve zayıf yağar, toprağın sadece yüzünü ıslatır, tohumun çürümesine sebeb olur.

Yağmurun, ne çok yağıp âfet hâlini almaması, ne de az yağıp tohumu çürütmemesi için duâ edilir. Resûl-i Ekrem Efendimiz yağmurun faydalı yağması için şöyle duâ etmiştir:

اَللّٰهُمَّ صَيِّباً نَافِعاً.

"Allahümme sayyiben, nâfian."

"Allah'ım, bardaktan boşanırcasına kuvvetli, fakat faydalı rahmet ver, zararlı ve âfetlisini verme."

■ YAĞMURUN DİNMESİ İÇİN DUÂ

Nebiyy-i Ekrem Efendimiz kuraklık bir devrede ashâbının isteği üzerine yağmur duâsı yapmış, hemen yağmaya başlayan yağmur bir hafta kadar devam etmiş, zararlı olmaya bile başlamıştı. Bu defa da mahsûllerinin helâk olduğunu söyleyip yağmurun kesilmesi için duâ istediler. Cuma hutbesinde ellerini kaldıran Efendimiz:

اَللّٰهُمَّ حَوَالَيْنَا وَلَا عَلَيْنَا اَللّٰهُمَّ عَلَى الْاَكَامِ

وَالظِّرَابِ وَبُطُونِ الْاَوْدِيَةِ وَمَنَابِتِ الشَّجَرِ.

"Allâhümme havâleynâ ve lâ aleynâ. Allâhümme ale'l-ekâmi, ve'z-zırâbi ve butûni'l-evdiyeti ve menâbiti'ş-şeceri."

"Allah'ım, üzerimize değil, etrafa yağdır. Allah'ım, dağlara, tepelere, vâdilere, ormanlara yağdır."

■ GÖK GÜRÜLTÜSÜNDE OKUNACAK DUÂ

Gök gürlemelerinde Rabbimizin gazab ve azabı hatıra gelmelidir. Bunun için Efendimiz gürültünün başladığı anda, şu duâyı okurdu:

اَللّٰهُمَّ لَا تَقْتُلْنَا بِغَضَبِكَ وَلَا تُهْلِكْنَا بِعَذَابِكَ

وَعَافِنَا قَبْلَ ذٰلِكَ.

"Allahümme lâ taktülnâ bi-gadabike velâ tühliknâ bi-azâbike ve âfina kable zâlike."

"Allah'ım, bizi gazabınla öldürme, azabınla helâk etme. Bunlardan önce bize âfiyet ver."

■ İSTİHÂRE NAMAZI VE DUÂSI

İstihâre, sünnetin müstehab derecesinde bir derece taşıdığından neticesi bağlayıcı olmaz. Gördüğünün aksini, aklı, mantığı tesbit etse aklın, mantığın gereği tercih edilir. İstihâre'nin hükmüne bağlı kalıp da akıl, mantık dışı şey tercih edilmez.

Bunun içindir ki hakkında dinî emir bulunan, yahut hayırlı tarafı bakınca akılla belli olan hususlarda asla istihâreye başvurulmaz. Zira mes'elenin hayırlı tarafı ilk bakışta görülmekte, yapılması gereken tercih belli olmaktadır.

Nitekim evlenecek gençlerin muhatapları hakkında da istihâre ile karar verilmez. İlk önce namzetler araştırılıp, sahip oldukları hususiyetler bir bir tesbit edilir. Bu hususiyetlerin icabı dikkate alınarak bir hükme varılır. Şayet namzetler her hususta da müsavi iseler, birini tercih için belli başlı bir fark görülmüyorsa, düşülen tereddüdü gidermek için istihâreye ancak o zaman başvurulup, görülene göre tercih yapılabilir. Usûlüne uygun istihâre şöyle yapılır:

Abdestli bulunan kimse yatmadan önce Allah rızâsı için iki rekât namaz kılar. Bu namazın birinci rekâtında Fâtiha'dan sonra zamm-ı sûre olarak (Kâfirûn) ikinci rekâtında da (İhlâs)'ı okur. Namazdan sonra ellerini açar. Rabbına iltica ederek istihâre duâsını okumaya başlar. Gönülden bir teslimiyet ile okuduğu istihâre duâsından sonra hemen yatağına girer, kimseyle konuşmaz, hakkında hayırlı olanı göstermesini Rabbından dileyerek uykuya dalar.

Sabah uyandığında gördüğü rü'yadaki renkleri seçmeye çalışır. Şayet (beyaz) yahut (yeşil) görmüşse hakkında hayırlı olduğunu düşünerek o işe karar verir. Siyah ve kırmızı görmüşse hayırlı olmayacağını tahmin ederek vazgeçer.

İlk gecede kesin bir şey göremezse ikinci, üçüncü gecede de aynı şeyi tekrarlar. Hatta yedi gece ısrar edileceği dahi rivâyet edilmektedir.

İstihâre ile karara vardıktan sonra bilmediği bazı hususlara vâkıf olur da kararını değiştirmek gerekirse bunda hiç şüphe ve tereddüt göstermeden yeni bir karara varabilir. Zira istihârenin neticesi bağlayıcı değildir. Gördüğünün aksiyle de amel edebilir. Gördüğünün rahmanî olmadığını düşünmesinde de mahzur olmaz.

Namazdan sonra okunacak istihâre duâsı şudur:

اَللّٰهُمَّ إِنِّى أَسْتَخِيرُكَ بِعِلْمِكَ وَأَسْتَقْدِرُكَ

بِقُدْرَتِكَ وَأَسْأَلُكَ مِنْ فَضْلِكَ الْعَظِيمِ فَإِنَّكَ

تَقْدِرُ وَلاَ أَقْدِرُ وَتَعْلَمُ وَلاَ أَعْلَمُ وَأَنْتَ عَلاَّمُ

الْغُيُوبِ اللّٰهُمَّ إِنْ كُنْتَ تَعْلَمُ أَنَّ هٰذَا الْأَمْرَ

خَيْرٌ لِى فِى دِينِى وَمَعَاشِى وَعَاقِبَةِ أَمْرِى فَاقْدُرْهُ

لِى وَيَسِّرْهُ لِى ثُمَّ بَارِكْ لِى فِيهِ.

وَإِنْ كُنْتَ تَعْلَمُ أَنَّ هٰذَا الْأَمْرَ شَرٌّ لِى فِى دِينِى

وَمَعَاشِى وَعَاقِبَةِ أَمْرِى فَاصْرِفْهُ عَنِّى وَاصْرِفْنِى

عَنْهُ وَاقْدُرْ لِى الْخَيْرَ حَيْثُ كَانَ ثُمَّ أَرْضِنِى بِهِ

"Allahümme innî estehîruke bi-ilmike ve estakdiruke bi-kudretik ve es'elüke min fadlike'l-azîm. Fe-inneke takdiru ve lâ ekdiru ve ta'lemü velâ a'lemü ve ente allâmü'l-guyûb.

Allahümme in künte ta'lemü enne haze'l-emre hayrun lî, fî dînî ve meâşî ve âkıbeti emrî, fakdir'hü lî ve yessir'hü lî, sümme bârik lî fîhî. Ve in künte ta'lemü enne haze'l-emre şerrun lî fî dînî ve meâşî ve âkıbeti emrî, fasrif'hü annî veaırfnî anhü vakdir liye'l-hayra haysü kâne, sümme'rdınî bihî."

İstihâre ile istişâre, kelime bakımından eşitseler de gereklerinin icabı bakımından eşit değiller. İstişâre her zaman önde gelir. Bu bakımdan istihâreden önce istişâre yapılmalı, istişâre ile karara varma ciheti araştırılmalıdır. Ehil olanlarla yapılan istişâre kararları sahibini pişman etmez. Bu hususta hadîsin ikâzı vardır.

■ ÂDEM ALEYHİSSELÂM'IN TEVBE DUÂSI

İnsanlığın babası ve İlk Peygamberi Âdem Aleyhisselâm yeryüzüne indirilmesine sebeb olan yanılmasından dolayı çok üzüldü, derin bir inilti halinde tevbeler etti, pişmanlıklar duydu, Rabbimiz de O'nun bu gönülden yaptığı tevbesini kabûl buyurup insanlığın ilk babası olmasıyla bırakmadı, ilk Peygamber olma izzetini de ikrâm etti. Kitaplarımız, Âdem Aley-hisselâm'ın tevbe duâsını açık ve net olarak nak-lederler. Şöyle tevbe, istiğfarda bulunmuş insanlığın babası:

$$\text{سُبْحَانَكَ اللّٰهُمَّ وَبِحَمْدِكَ عَمِلْتُ سُوءَ وَظَلَمْتُ}$$

$$\text{نَفْسِى فَاغْفِرْلِى إِنَّكَ خَيْرُ الْغَافِرِينَ لَا إِلٰهَ إِلَّا أَنْتَ}$$

$$\text{سُبْحَانَكَ وَبِحَمْدِكَ عَمِلْتُ سُوءَ وَظَلَمْتُ}$$

$$\text{نَفْسِى فَارْحَمْنِى إِنَّكَ أَنْتَ أَرْحَمُ الرَّاحِمِينَ لَا}$$

$$\text{إِلٰهَ إِلَّا أَنْتَ سُبْحَانَكَ وَبِحَمْدِكَ عَمِلْتُ سُوءَ}$$

$$\text{وَظَلَمْتُ نَفْسِى فَتُبْ عَلَىَّ إِنَّكَ أَنْتَ التَّوَّابُ}$$

$$\text{الرَّحِيمُ.}$$

"**Sübhânekellahümme ve bi-hamdike. Amiltü sû'en ve zalemtü nefsî. Fağfir lî, inneke hayru'l-gafirîn.**

Lâ ilâhe illâ ente sübhâneke ve bi-hamdike.

Amiltü sû'en ve zalemtü nefsî, fe'rhamnî, inneke ente erhamurrâhimîn. Lâ ilâhe illâ ente sübhâneke ve bihamdike. Amiltü sû'en ve zalemtü nefsî. Fe-tüb aleyye. İnneke ente't-Tevvâbürrahîm."

"Ey Rabbim! Seni bütün noksan sıfatlardan tenzih ve takdis ederim. Allah'ım! Bütün hamdler, şükürler sana mahsustur. Döyle olmaoına rağmon bon hamd ve şükürde kusur ettim, nefsime tâbi oldum, kötü iş işledim. Kendime zulmettim. Sen beni mağfiret et. Çünkü sen afvedenlerin en hayırlısısın. Rabbim! Senden başka ilâh yoktur. Seni bütün varlığımla noksan sıfatlardan tenzih ve takdis ederim. Bütün hamd ve şükürler sana mahsustur. Ben kötü iş işledim, nefsime zulmettim. Sen bana merhamet et. Çünkü sen merhamet edenlerin en hayırlısısın. Rabbim! Senden başka Allah yoktur. Bütün hamd ve senâlar sana gider, sana gitmesi de şart ve lâyıktır. Ben kötü işler yaptım, nefsime zulmettim. Sen benim tevbemi kabûl eyle. Muhakkak olan şudur ki, senden başka tevbe kabûl eden yoktur ve sen bu hususta da merhametlilerin merhametlisisin..."

■ İSTİĞFAR DUÂSI

Günahlarımızı gönlümüze, kalbimize sirâyet etmiş kir kabûl etsek; tevbe, istiğfarı da bu kirleri temizleyen ilâçlar kabûl edebiliriz.

Bundan dolayıdır ki, Resûl-i Ekrem Efendimiz ashâbına sık sık tevbe, istiğfarla temizlenmeyi tavsiye buyurur, hatta Huzeyfe Radıyallahü anhü'ye:

— **Yâ Huzeyfe, hani tevbe, istiğfarın? Baksana ben de günde yüz defa tevbe, istiğfarda bulunuyorum,** diyerek ashâbını ikâz etmiş olurdu.

Nitekim Hazret-i Ömer Radıyallahü anhü şöyle demiştir:

— **Biz Resûlüllah'ın bir mecliste iken yüz defa tevbe, istiğfarda bulunup şu duâyı okuduğunu saydığımız olurdu:**

"Rabbiğfir lî ve tüb aleyye. İnneke ente't-Tevvâbürrahîm."

"Ey Rabbim! Beni mağfiret eyle ve benim tevbemi kabûl eyle. Şüphesiz ki sen tevbeleri en çok kabûl eden, en merhametli olansın."

Peygamberimizin tavsiye buyurduğu istiğfar duâlarından birine Seyyidü'l-istiğfar adı verilmiştir. Yâni istiğfar duâlarının başta geleni demektir. Bu duâ da şöyledir:

اَللّٰهُمَّ اَنْتَ رَبِّى لَا إِلٰهَ إِلَّا اَنْتَ خَلَقْتَنِى وَاَنَا عَبْدُكَ وَاَنَا عَلَى عَهْدِكَ وَوَعْدِكَ مَا اسْتَطَعْتُ اَعُوذُ بِكَ مِنْ شَرِّ مَا صَنَعْتُ اَبُوءُ لَكَ بِنِعْمَتِكَ عَلَىَّ وَاَبُوءُ بِذَنْبِى فَاغْفِرْ لِى فَإِنَّهُ لَا يَغْفِرُ الذُّنُوبَ إِلَّا اَنْتَ بِرَحْمَتِكَ يَا اَرْحَمَ الرَّاحِمِينَ

"Allahümme ente Rabbî, lâ ilâhe illâ ente halâkteni ve ene abdüke ve ene alâ ahdike ve va'dike mesteta'tü. Eûzü bike min şerri mâ sana'tü, ebû'u leke bi-nimetike aleyye. Ve ebû'u bi-zenbî, fağfir lî, fe-innehû lâ yağfiru'z-zünûbe il-lâ ente. Birahmetike yâ erhame'r-râhimîn...

"Allah'ım, sen benim Rabbimsin. Sen varsın, senden başka İlâh yoktur. Beni sen yarattın. Ve ben senin kulunum. Gücüm yettiği kadarıyla ezelde sana verdiğin söz üzerine ve emirlerine uygun bir hayat tarzında sebat edeceğim. İşlediğim günah ve

hatalardan dolayı sana sığınıyorum. Bana ikram et-
tiğin nimetlerini itiraf ve ikrar ediyorum. Günahlarımın
da varlığını itiraf ve ikrar ettiğim gibi. Bunca nimet-
lerine karşı işlediğim bunca günah ve kusurlarımdan
dolayı sana iltica ediyorum, beni afvet yâ Rabbî.
Hakikat odur ki, günahları başka afveden yoktur, an-
cak sen varsın. Senin afvın vardır. Senin sonsuz
merhamet ve afvına sığınıyorum ey merhametlilerin
merhametlisi!"

Beşeriyet icabı, mâruz kaldığı günahın te'sirin-
den derin sıkıntıya düşen biri Resûlüllah'a geldi:

— **Helâk oldum yâ Resûlâllah, helâk oldum!**
diye feryada başladı.

Ümitsizliğe kapılan adamın günahlarının çok-
luğu, belki de büyüklüğü böyle bir sıkıntıya düş-
mesine sebeb olmuştu. Efendimiz ona, "Şu duâyı
tekrarla bakayım" buyurdu.

اَللّٰهُمَّ مَغْفِرَتُكَ اَوْسَعُ مِنْ ذُنُوبِى وَرَحْمَتُكَ
اَرْجَى عِنْدِى مِنْ عَمَلِى

**"Allahümme, mağfiretüke evseu min zünûbî
ve rahmetüke ercâ indî min amelî!"**

Bu duâyla şöyle demiş oluyordu:

"Yâ Rab, senin mağfiretin benim günahımdan büyüktür. O büyük olan rahmetin benim için esastır, kendi kısır amelimden öncedir."

Anlaşılıyor ki, kul ne kadar günahkâr da olsa Allah'ın rahmetinden ümid kesmemelidir. Zira Allah'ın rahmeti kulun günahından çok ve geniştir.

■ SADAKA VEREMEYENİN OKUYACAĞI DUÂ

Hemen her mü'min sadaka vermek ister, yoksul kardeşlerine destek olmayı arzu eder. Ancak bunu yapamayan, elinde sadaka verecek imkânı bulunmayanlar da az değildir. Onlar için Resûl-i Ekrem Efendimiz bir salâvat-ı şerîfe tarif buyurmuştur. Kim bu salavât-ı şerîfeyi okursa, vermeyi arzu ettiği halde gücü yetmediği için veremediği sadaka sevabını alır, aynı sevaba yoksul insan da nâil olur.

Peygamberimiz'in sadaka vermeye gücü yetmeyenlerin okumalarını istediği duâ makamındaki salâvat-ı şerîfe şudur:

اَللّٰهُمَّ صَلِّ عَلٰى مُحَمَّدٍ عَبْدِكَ وَرَسُولِكَ وَصَلِّ

عَلَى الْمُؤْمِنِينَ وَالْمُؤْمِنَاتِ وَالْمُسْلِمِينَ
وَالْمُسْلِمَاتِ.

"Allahümme salli alâ Muhammedin, abdike ve Resûlike ve salli ale'l-mü'minîne ve'l-mü'minât. Ve'l-müslimîne ve'l-müslimât."

■ KÂBE'Yİ GÖRÜNCE OKUNACAK DUÂ

Kâbe, yeryüzünde Rabbimizin zâtına izâfe buyurduğu kudsî bir binâdır. Onu görenin hürmet ve muhabbet duyması ne kadar gerekli ve zarurî ise, şerefinin daha da yücelmesine duâ etmesi de öyle gerekli ve zarurî bir vazifedir.

Bunun içindir ki, Kâbe'yi görenler hemen şu şeref duâsını okurlar, münasip olan dilekte bulunmuş olurlar:

اَللّٰهُمَّ زِدْ هٰذَا الْبَيْتَ تَشْرِيفاً وَتَعْظِيماً وَمَهَابَةً.

"Allahümme zid haze'l-beyte teşrîfen ve ta'zimen ve tekrîmen ve mehâbeten."

"Allah'ım, bu evin şerefini yücelt, azametini âli, hürmetini ziyâde eyle, mehâbetini de dâim ve sâbit eyle."

■ CEHENNEM'DEN KURTULMA DUÂSI

Cennet ve Cehennem, Allah'ın iki mükâfat ve mücâzat yeridir. Mükâfata lâyık bir amel içinde olanı Cennet'e, mücâzata lâyık tutum ve tavrı tercih edeni de Cehennem'e koyar.

Demek ki, insanın Cennet'lik, yahut ta Cehennem'lik oluşu kendi isteğiyle, yâni tercih ve tutumuyla alâkalıdır. Hangisine lâyık bir amel içinde olursa oraya gider, tercih ettiği yerin muamelesine tâbi olur.

Bunun içindir ki, Resûl-i Ekrem Efendimiz kim iyi niyetle Cennet'i ister: **"Allahümme innî es'elüke'l-Cennete"** diyerek Allah'a yalvarırsa, Allah da onu istediği Cennet'ine koyar, buyurmuştur. Nitekim aynı isteği Cehennem'den kurtulmak için de tekrarlar da: **"Allahümme ecirna mine'n-nâr"** diyerek Cehennem'den korunmasını dilerse, Allah bu isteğini de kabûl eder, Cehennem'den korur.

Bundan dolayıdır ki, duâ kitaplarında şöyle tavsiyede bulunulur:

— Kim sabah ve akşam namazlarından sonra üçerden az olmamak kaydıyla "Allahümme innî es'elüke'l-Cennete" diye Allah'a yalvarır, sonra da "Allahümme ecirnî mine'n-nâr" diye ilâve ederek duâya devam ederse, Allah onun duâsını kabûl eder, o gün ve gece vefat ederse dileğine kavuşmuş olarak muamele görür. Cehennem'den kurtulur. Cennet'e lâyık olur.

■ ÜÇ AYLARIN DUÂSI

Receb, Şaban ve Ramazan'dan ibaret üç ayların ilkine girildiği günlerde Resûlüllah Aleyhisselâm şöyle duâ ederdi:

اَللّٰهُمَّ بَارِكْ لَنَا فِى رَجَبَ وَشَعْبَانَ وَبَلِّغْنَا رَمَضَانَ

"Allahümme bârik lenâ fî Recebe ve Şâ'bân. Ve belliğna Ramazan."

"Ey Rabbim, bize Receb ve Şaban ayını mübarek kıl ve bizi Ramazan'a da ulaştır."

■ REGAİB GECESİ

Receb ayının ilk cuma gecesine Regaib gecesi denmektedir. Bu gecenin kudsî bir gece olduğu Efendimiz'in söz ve fiillerinden anlaşılmıştır. Böyle kandil gecelerinde bolca kaza namazından sonra birkaç rekât da nafile kılmak, en uygun ihyâ şeklidir. Regaib gecesinde yetmiş defa:

$$\text{اَللّٰهُمَّ صَلِّ عَلٰى مُحَمَّدٍ النَّبِيِّ الْأُمِّيِّ وَعَلٰى آلِهِ وَصَحْبِهِ وَسَلِّمْ}$$

"Allahümme salli alâ Muhammedini'n-Nebiyyi'l-ümmiyyi ve alâ âlihi ve sahbihî ve sellim" denmeli.

Sonra yine yetmiş defa:

$$\text{سُبُّوحٌ قُدُّوسٌ رَبُّ الْمَلَئِكَةِ وَالرُّوحِ.}$$

"Sübbûhun, kuddûsün. Rabbü'l-melâiketi ve'r-Rûh" denmeli.

Bunun arkasından yine yetmiş defa:

$$ رَبَّنَا اغْفِرْ وَارْحَمْ وَتَجَاوَزْ عَمَّا تَعْلَمُ إِنَّكَ اَنْتَ $$
$$ الْاَعَزُّ الْاَكْرَمُ . $$

"Rabbena'ğfir ve'rham ve tecâvez ammâ ta'lem. İnneke ente'l-eazzü'l-ekrem" denmeli. Böylece Regaib gecesi de ezkâr ve evrâd ile ihyâ edilmelidir.

Demek ki, Regaib gecesinde bir kısım ibâdetler edip Kur'an okuduktan sonra bir köşeye çekilip eline tesbihini alarak yetmişer defa zikredilen duâları tekrarlamak geceyi ihyâ âdetidir. Şayet bu duâları bilmiyorsa bildiklerini yetmişer defa okuyup Rabbından af ve mağfiret dilemesi, kulun geceyi ihyâ faaliyetlerinden birini teşkil eder. Dinî kitaplar okuyarak İslâmî duygularını kuvvetlendirmesi de bu cümledendir.

■ Mİ'RAC GECESİ DUÂSI

Mi'rac gecesi, Resûl-i Ekrem Efendimiz'in gökleri aşıp Sidretü'l-müntehâ'ya ulaştığı kudsî gecedir.

Böyle mukaddes gecenin ihyâsı şüphesiz ki diğerleri gibi kaza ve nafile namazlar kılıp duâlar etmekle, günahlarına tevbe, istiğfarda bulunup İslâmî hayatta sebat dilemekle olur.

İbrahim Aleyhisselâm'ın tavsiye ettiği bir duâ da bu gecenin özel duâsı sayılır. Resûl-i Ekrem Efendimiz Mi'rac gecesinde İbrahim Aleyhisselâm'ı görmüş, sohbet sırasında ondan şu sözleri dinlemişti:

— Yâ Resûlâllah, Cennet'in ağaçları,

$$\text{سُبْحَانَ اللهِ وَالْحَمْدُ لِلّهِ وَلَا إِلهَ إِلَّا اللهُ وَاللهُ أَكْبَرُ}$$

$$\text{وَلَا حَوْلَ وَلَا قُوَّةَ إِلَّا بِاللهِ الْعَلِيِّ الْعَظِيمِ.}$$

"Sübhanallahi velhamdülillâhi, ve lâ ilâhe ilâllahü vallahü ekber. Velâ havle, velâ kuvvete ilâ billâhi'l-aliyyi'l-azîm." kelimeleridir.

Yâni: "Kim Mi'rac gecesinde bu kelimeleri çok söyler, bu duâyı çok okursa, o kadar çok Cennet ağacı dikmiş olur, Cennet meyvesi yiyebilir."

■ BERAAT GECESİ İBÂDETİ

Beraat gecesi, rızıkların taksim edildiği, gelecek sene cereyan edecek vak'aların meleklere bildirildiği gecedir. Bu bakımdan bu gecede hakkında hayırlı şeyler takdir olunup, iyi şeylerin yazılmasını dileyen insan, geceyi ibâdetle, duâ ile geçirir, meleklere bildirilen takdirin hayırlı olması niyazında bulunur. Nebiyy-i Ekrem Efendimiz Beraat gecesi ibâdeti hakkında şöyle buyurmuştur:

— Her kim bu gece yüz rekât namaz kılarsa, Allahü Teâlâ ona yüz melek gönderir. Bu meleklerin otuzu Cennet'le müjdeler. Otuzu Cehennem'den kurtulduğunu söyler. Otuzu da dünyanın âfet ve musîbetlerinden kurtulacağını ifâde eder. Onu ise Şeytan'ın tuzağını defedeceklerini bildirir.

Beraat gecesi, Rabbimiz tevbe, istiğfar ederek pişmanlık duyan günahkârların cümlesini afvedeceğini bildiriyor, ancak şu sekiz sınıfın kesin tevbe etmedikçe bu aftan istifadelerinin olmayacağını da işâret ediyor:

1 - Allah'a şirk koşanlar.

2 - Ana-babalarına isyan eden, onların kalb-

lerini kırıp gönüllerini yıkanlar.

3 - İçkiye devam edenler.

4 - Falcılık edip gelecekten haber verenler.

5 Din kardeşlerine besledikleri kinden vazgeçmek istemeyenler.

6 - Adam öldürmekten pişmanlık duymayanlar.

7 - Nikâhsız âile ile yaşayanlar.

8 - Akrabalarıyla alâkayı kesip ihmal edenler.

Şüphesiz ki bu günahların sahipleri bu gecede derin bir tevbe, istiğfarda bulunur da, kesin pişmanlık haline girerlerse ilâhî aftan müstefid olurlar. Aftan istisna edilmelerinin sebebi kesin bir dönüş yapmayışları, ciddi bir tevbe, istiğfar haline girmemeleridir.

Beraat gecesinde okunacak hususî duâlar şudur:

اَللّٰهُمَّ يَا ذَا الْمَنِّ وَلَا يَمُنُّ عَلَيْهِ يَا ذَا الْجَلَالِ

وَالْإِكْرَامِ يَا ذَا الطَّوْلِ وَالْإِنْعَامِ لَا إِلٰهَ إِلَّا أَنْتَ

ظَهْرَ اللَّاجِينَ وَجَارَ الْمُسْتَجِيرِينَ وَأَمَانَ الْخَائِفِينَ

اَللّٰهُمَّ إِنْ كُنْتَ كَتَبْتَ عِنْدَكَ فِى أُمِّ الْكِتَابِ
شَقِيًّا أَوْ مَحْرُومًا أَوْ مَطْرُوداً أَوْ مُقَطَّراً عَلَىَّ فِى
الرِّزْقِ فَامْحُهُمْ.

"Allahümme yâ ze'l-menni ve lâ yemünnü aleyhi. Yâ ze'l-celâli ve'l-ikrâm. Yâ ze't-tavli ve'l-in'âm. Lâ ilâhe illâ ente zahrallâcîn ve câre'l-müstecirîn ve emâne'l-hâifîn.

Allahümme in künte ketebte indeke fî ümmi'l-kitabi şakıyyen ev mahrûmen ev matrûden ev mukatteran aleyye fi'r-rızkı, fe'mhuhüm."

اَللّٰهُمَّ فِى فَضْلِكَ شَقَاوَتِى وَحِرْمَانِى وَإِقْتَارَ
رِزْقِى وَاثْبِتْنِى عِنْدَكَ فِى أُمِّ الْكِتَابِ سَعِيداً
مَرْزُوقاً مُوَفَّقاً لِلْخَيْرَاتِ فَإِنَّكَ قُلْتَ وَقَوْلُكَ الْحَقُّ
فِى كِتَابِكَ الْمُنْزَلِ عَلَى لِسَانِ نَبِيِّكَ الْمُرْسَلِ

يَمْحُ اللهُ مَا يَشَاءُ وَيُثْبِتُ وَعِنْدَهُ اُمُّ الْكِتَابِ إِلَهِى

بِالتَّجَلِّى الْأَعْظَمِ فِى لَيْلَةِ النِّصْفِ مِنْ شَعْبَانَ

الْمُكَرَّمَةِ الَّتِى يُفْرَقُ فِيهَا كُلُّ اَمْرٍ حَكِيمٍ وَيُبْرَمُ

اَنْ تَكْشِفَ عَنَّا مِنَ الْبَلَاءِ مَا نَعْلَمُ وَمَا لَا نَعْلَمُ

وَمَا اَنْتَ بِهِ اَعْلَمُ إِنَّكَ اَعَزُّ الْأَكْرَمُ وَصَلَّى اللهُ

عَلَى سَيِّدِنَا مُحَمَّدٍ وَعَلَى آلِهِ وَصَحْبِهِ وَسَلِّمْ.

"Allahümme fi fazlike şekaveti ve hırmanî en iktâre rızkî. Ve'sbütnî indeke fî ümmi'l-kitâbi saî-den merzûkan muvaffakan li'l-hayrâti. Fe-inneke kulte (ve kavlüke'l-hakku) fî kitâbike'l-münezzeli alâ lisani nebiyyike'l-mürseli: 'yemhullâhu mâ yeşâu ve yüsbitü ve indehu ümmü'l-kitâb!'

İlâhi, bittecelli'l-â'zami fî leyletin-nısfi min şa'bani'l-mükerremeti'lletî yüfraku fîhâ küllü em-rin hakîm ve yübremü en tekşife annâ mine'l-belâi mâ na'lemü ve mâ lâ na'lem ve mâ ente bihi a'lemü. İnneke e'azzü'l-ekrem. Ve sallâllahü alâ seyyidinâ Muhammedin ve alâ âlihi ve sahbihî ve sellim.

■ KADİR GECESİ DUÂSI

Kadir gecesini tam bir hulûs-i kalb ve sâfi niyetle ihyâ eden insan, geçmiş ümmetlerin büyüklerinden seksen sene ibâdette bulunup, isyan etmeyen zâtlara verilen kadar çok sevap ve mükâfat verilecektir. Yeter ki, o gece tesbit edilsin, tam bir ihlâsla ibâdette bulunulsun, ihyâdan geri kalınmasın.

Şu kadar var ki Kadir gecesini kesin olarak bilmek ve bulmak pek mümkün olmaz. Ancak, Kadir gecesidir diye ibâdette bulunan insan o geceye rastlamasa da yine kazanır, yaptığı ibâdeti ve duâsı ona belki de Kadir gecesi sevabını kazandırmış olur. O geceye karşı duyduğu saygı ve sevgi ona böyle mükâfatlar verdirir.

Âişe validemiz, Efendimiz'den Kadir gecesine rastlarsam ne okuyayım, diye sormuş. Efendimiz'den şu tavsiyeyi almış:

— Yâ Âişe, Kadir gecesine erişirsen şöyle duâ et:

اَللّٰهُمَّ إِنَّكَ عَفُوٌّ تُحِبُّ الْعَفْوَ فَاعْفُ عَنِّى

"Allahümme inneke afüvvün. tühıbbü'l-afve fâ'fü annî."

"Allah'ım, sen afvedicisin. Afvı seversin, beni de afveyle."

Kadir gecesinde de nafile namazlarla birlikte yine kaza namazı ihmal edilmemeli, mümkün olduğu kadarıyla kaza namazı kılıp borçtan kurtulma yoluna dikkat edilmelidir.

Bir İslâm büyüğü der ki:

— **Kadir gecesini mutlaka bulmamız gerekmez. Kadir gecesi niyetiyle bir kısım gecelerde ibâdet ve tâatta bulunmamız gerekir. Böyle bir niyet ve alâka ile bu geceleri hakkınızda Kadir gecesi hükmüne döndürebilirsiniz.**

Demek ki esas olan, niyettir, alâkadır, ihlâstır. Gerisi Rabbimizin bitmez, tükenmez rahmet hazinesinin mükâfatına kalmıştır. Rabbimizin mükâfat hazinesi kullarınki gibi değildir ki, verilmekte güçlük, zorluk ve cimrilik bahismevzu olsun. Ne var ki, ihlâs, iman ve alâka şartı vardır bunun. Bunu nefsimizde bulunduralım yeter.

■ ARİFE GÜN VE GECESİ OKUNACAK DUÂ

Bilindiği üzere mübarek gün ve gecelerimizden biri de bayram gecesi ile bayram günüdür. Resûl-i Ekrem Efendimiz arife gecesinde şu duâyı okuyana Cenâb-ı Hak istediğini vereceğini beyân buyurmuştur. Duâ şudur:

سُبْحَانَ الَّذِى فِى السَّمَاءِ عَرْشُهُ سُبْحَانَ الَّذِى

فِى الْأَرْضِ مَوْطِئُهُ سُبْحَانَ الَّذِى فِى الْبَحْرِ

سَبِيلُهُ سُبْحَانَ الَّذِى فِى النَّارِ سُلْطَانُهُ سُبْحَانَ

الَّذِى فِى الْجَنَّةِ رَحْمَتُهُ سُبْحَانَ الَّذِى فِى الْقُبُورِ

قَضَاؤُهُ سُبْحَانَ الَّذِى فِى الْهَوَاءِ رُوحُهُ سُبْحَانَ

الَّذِى رَفَعَ السَّمَاءِ بِغَيْرِ عَمَدٍ سُبْحَانَ الَّذِى

وَضَعَ الْأَرْضَ سُبْحَانَ الَّذِى لَا مَلْجَأَ إِلَّا إِلَيْهِ.

"Sübhânellezi fi's-semâvâti arşuhu. Süb-hânellezi fi'l-ardı mevtıuhu. Sübhânellezi fi'l-bah-ri sebîlühu. Sübhânellezi fi'n-nâri sultânühu. Sübhânellezi fi'l-cenneti rahmetühu. Sübhânel-lezi fi'l-kuhûri kadâuhu. Sübhânellezi fi'l-hevâi rûhuhu. Sübhânellezi rafaa's-semâe bi gayri amedin. Sübhânellezi vadaa'l-arda. Sübhânellezi lâ melcee illâ ileyhi."

İmam-ı Tirmızı, Resûl-i Ekrom Efendimiz'in, "Duânın hayırlısı arife günü yapılan duâdır," buyurarak Peygamberlerin arife günü duâsını şöyle okuduğunu haber verir:

— Lâ ilâhe illâllahü vahdehu lâ şerîke leh. Lehü'l-mülkü ve lehü'l-hamdü ve hüve alâ küli şey'in kadîr.

Buhâri'de geçen bir hadîsten öğrendiğimize göre arife günü şu duâyı okuyan, şeytanın tasallutundan kurtulur, kendini muhafaza altına almış olur.

اَللّٰهُمَّ اجْعَلْ فِى قَلْبِى نُوراً وَفِى بَصَرِى نُوراً

اَللّٰهُمَّ اشْرَحْ لِى صَدْرِى وَيَسِّرْ لِى اَمْرِى.

"Allahümme'c'al fî kalbî nûran ve fî basarî nûran. Allahümme'şrah lî sadrî ve yessir lî emrî..."

"Allah'ım, kalbimi, gözümü, gönlümü nûrlu kıl. Allah'ım, kalbime genişlik, işlerime kolaylık ver."

■ BAYRAM GÜNÜ DUÂSI

Peygamberimiz bayram günlerinde şu duâyı çok okuyanın kalbinin ölmeyeceğini haber vermiştir. Duâ şudur:

$$ يَا حَيُّ يَا قَيُّومُ يَا بَدِيعَ السَّمٰوَاتِ وَالْأَرْضِ يَا ذَا الْجَلَالِ وَالْإِكْرَامِ. $$

"Yâ hayyû, yâ kayyûm, yâ bedîa's-semavâti ve'l-ardı, yâ ze'l-celâli ve'l-ikrâm."

"Ey Hayy ve Kayyûm olan Rabbimiz, ey semâvât ve arzın bedî'i, ey celâl ve kerem sahibi. Beni sen koru, sen istikamette dâim eyle. Kötülük ve günahlardan muhafaza et, sırat-ı müstakîmde dâim ve sâbit eyle."

Bayram günleri bayram tebrikleri için musafaha ederken önce davranan biri diğerine şöyle duâ eder:

$$\text{تَقَبَّلَ اللهُ تَعَالَى مِنَّا وَمِنْكُمْ .}$$

"Tekabbelellahü minnâ ve minküm." "Allah sizden ve bizden kabûl buyursun."

Muhatab olan da buna "âmin" demekle karşılık vereceği gibi.

"Gaferallâhü lenâ ve leküm" diye de cevap verebilir. "Allah bizi de, sizi de mağfiret buyursun" demektir.

■ KURBAN DUÂSI

Kurbanı usûlüne uygun olarak kesmek için dikkat gösterilir. Bunun için kurban, kesileceği yere sürüklenmeksizin, zahmet vermeden getirilir, sol yanı yere getirilecek şekilde kıbleye karşı yatırılır. Kesecek olan kimse önce şu duâyı okur:

$$\text{إِنِّى وَجَّهْتُ وَجْهِىَ لِلَّذِى فَطَرَ السَّمٰوَاتِ}$$

$$\text{وَالْأَرْضَ حَنِيفاً وَمَآ أَنَا مِنَ الْمُشْرِكِينَ.}$$

"İnnî veccehtü vechiye lillezî fetara's-
semâvâti ve'l-arda hanîfen ve mâ ene mine'l-
müşrikîn."

Dedikten sonra **Rabbim, bu benden sanadır.
Kabûl eyle. Peygamberin Muhammed Aleyhis-
selâm'la, halilin İbrahim Aleyhisselâm'dan kabûl
ettiğin gibi..** denir. Tekbir getirmeye başlanır. yâni:

— **Allahü Ekber, Allahü Ekber, Lâ ilâhe illâl-
lahü vallâhü Ekber. Allahü Ekber ve li'l-lâhi'l-
hamd**, denir. Tekbir böylece bitince **"Bismillâh
Allahü Ekber"** denerek bıçak boyuna vurulur, kesim
başlar. Kesim işi bitip kan akması durunca **"Al-
lah'ım, bunu filân kimsenin Cehennem'den âzad
olması için kabûl eyle"** diye niyazda bulunulur.
Yâni kurban sahibinin Cehennem'den âzad ol-
masının fidyesi olarak kesildiği düşünülür.

Kurbanı kesim işi bitince gidilir, iki rekât şükür
namazı kılınır, Allah'a hamd ve şükürde bulunulur.
Kurban kesmek gibi güzel bir sünneti yerine getir-
meyi nasip ettiği için Allah'a hamd edilmiş olunur.
Peygamberimiz, kurbanı kestikten sonra iki rekât
namaz kılınız, arkasından da Allah'dan ne dileğiniz
varsa isteyiniz, buyurmuştur. Bu sebeble namaz
kılındıktan sonra âyetten alınan şu cümlelerle duâ

edip namazdan kalkılır.

إِنَّ صَلَاتِى وَنُسُكِى وَمَحْيَاىَ وَمَمَاتِى لِلَّهِ رَبِّ
الْعَالَمِينَ.

"İnne salâti ve nüsükî ve mahyâye ve memâtî lillâhi Rabbi'l-âlemîn."

Şayet namaz kılınmayacaksa bu duâ kurbanın kesiminden sonra okunur, usûlüne uygun şekilde icrâ edilmiş olunur.

Kurban kesiminde esas olan, bıçağın keskin olması, kesimin bir anda vâki olup hayvanın eziyet çekmemesidir. Bunu te'min eden çocuk ve kadın da olsa kestiği helâl olur.

■ ESMÂ-İ HÜSNÂ

Esmâ-i Hüsnâ, Allah'ın güzel isimleri demektir.

Bir âyet-i kerîmede:

"En güzel isimler O'nundur (Allah'ındır)." (el-Haşr, 24) buyurulmaktadır.

Diğer bir âyette de; en güzel isimlerin Allah'a âit olduğu belirtildikten sonra, bu isimlerle duâ edilmesi tavsiye olunmaktadır (el-Arâf, 180).

Esmâ-i Hüsnâ ile ilgili olarak Buhârî ve Müslim'de:

"Allah'ın 99 ismi vardır. Kim bunları ezberlerse (îman eder ve ezbere sayarsa) Cennet'e girer." buyurulmuştur. Tirmizî, İbn-i Hibbân ve Hâkim'in bu konudaki rivâyeti ise, şöyledir:

"Kim bunları, (Esmâ-i Hüsnâ'yı) mânâlarını anlayarak sayar, bunlarla Allah'ı zikrederse Cennet'e girer."

Hadîslerde zikri geçen 99 isim şunlardır:

Allah, er-Rahmân, er-Rahîm, el-Melik, el-Kuddûs, es-Selâm, el-Mü'min, el-Müheymin, el-Azîz, el-Cebbâr, el-Mütekebbir, el-Hâlık, el-Bâri', el-Musavvir, el-Gaffâr, el-Kahhâr, el-Vehhâb, er-Rezzâk, el-Fettâh, el-Alîm, el-Kâbıd, el-Bâsıt, el-Hâfıd, er-Râfi, el-Muiz, el-Müzill, es-Semi', el-Basîr el-Hakem, el-Adl, el-Lâtîf, el-Habîr, el-Halîm, el-Azîm, el-Gafûr, eş-Şekûr, el-Aliyy, el-Kebîr, el-Bâis, eş-Şehîd, el-Hakk, el-Vekîl, el-Kaviyy, el-Metîn, el-Veliyy, el-Muhsî, el-Hamîd, el-Mübdiü, el-Muîd, el-Muhyî, el-Mümit, el-Hayy, el-Kayyûm, el-Vâcid, el-Mâcid, el-Vâhid, es-Samed, el-Kâdir, el-Muktedir, el-Mukaddim, el-Muahhir, el-Evvel, el-Âhir, ez-Zâhir, el-Bâtın, el-Vâli, el-Müteâlî, el-

Berr, et-Tevvâb, el-Müntakim, el-Afüvv, er-Raûf, Mâlikü'l-Mülk, Zü'l-Celâli ve'l-İkrâm, el-Muksit, el-Câmi', el-Ganiyy, el-Muğni, el-Mâni', ed-Dârr, en-Nâfî', en-Nûr, el-Hâdi, el-Bedî', el-Bâkî, el-Vâris, er-Reşîd, es-Sabûr.

İslâm tarihi, insanlığa örnek olan, yaşanmış pek çok olaylarla doludur. Bu ilginç ve düşündürücü olayları, akıcı bir dille ve hikaye anlatımı içinde okuyuculara sunmak, usanç vermeden okunmalarını sağlamak; kültürümüze olumlu bir katkı, gerekli ve önemli bir hizmettir.

Bu eser, yaşanmış nice olaylar içinde seçilmiş; dini hayatımıza şevk katan, dünya ve ahiret mutluluğunun temel ölçülerini içeren kısa ve özlü hikayeler demetidir.

MEHMET DİKMEN

Cep İlmihali

İlmihal Bilgileri, kadın-erkek her müslümana, öğrenmesi farz olan bilgilerdir.

Elinizdeki cep ilmihali bu temel ihtiyacı karşılamak niyetiyle hazırlanmıştır.

Dünya ve ahiret mutluluğunu elde etmenin prensiplerini gösteren, her müslümanın kolayca okuyup anlayabileceği bu eserin, geniş bir sahada faydalı ve hizmete vesile olması, biricik dileğimizdir.

Besmele öyle bir anahtardır ki, onu eline alan Rahmet hazinelerinin kapılarını açar ve İlahi rahmetin sırlarına erer. Besmele hayata anlam katar. Besmeleyi düşünen kişi, kainatı bir zikir evi olarak telakki eder Besmele ile insân kendisi ile ve insanlarla barışık yaşar. Hayata karamsar değil iyimser bakar. Her varlığın besmele ile değer kazandığı, her olayın Besmele ile bir anlam taşıdığını görür, her şeyde bir hikmet arar ve dolayısıyla şu alemde olan her şeyle dost olur, huzur bulur.